阿部孝嗣

職人の日々は禅

道元の心を今に継いできたのは職人

開山堂出版

職人の日々は禅

目次

はじめに

職人の仕事場を訪ねてまず驚かされることは、その道具類の多いこと。しかも、それらの道具がきちんと並べられていることである。それら整然と並べられている道具類は、そこに置かれてある、というよりは、むしろ飾られている、という表現のほうが的確かと思われる。

たとえば、指物師の使うカンナ。

仕事場の一画には、作業の工程に応じて使い分けられるさまざまな形や大きさのカンナが数十種類、一定の秩序をもって並べられている。さまざまな形をした大小のノミ然り、ノコギリ然り、である。まさに展示されているかのように並べられている。しかし、一旦仕事がはじまると、職人は道具に大して目もくれることもないままに、適宜、作業に適ったカンナを取り上げ、ノミを手にし、作業にかかる。ほとんど無意識のうちに道具を取り上げているかのように傍にいる者からは見える。

仕事中は一心不乱に動き回る職人の動きに合わせて、そこここらにバラバラに放置された道具類も、仕事が一段落したり、一日の仕事を終えたあとには、木クズなどを取り除かれ、きちんとメンテナンスを受けて、元の場所に置かれる。そして、仕事場全体も掃き清められて、再び朝と同じ整然とした空間に戻るのである。

この一事からもわかるように、仕事前の仕事場は、掃除が行き届き、静謐な感じさえ漂っている。そして、その場に立つ者の気持ちを厳粛なものにしてくれる。

このなんとも言えぬ、緊張感を強いられるような空間に魅かれたのが、職人の世界に興味をもったはじめであろうか。

一概に職人といってもその職域は広い。木を扱う職人。金物を扱う職人。土を扱う職人。石を扱う職人。そして、料理に関わる職人。食材に関わる職人。芸事に関わる職人。……。そして、多くの手術を手掛ける医師もある種の職人であろう。それらの多くが長い修業の期間を経て仕事を習得していくという点で共通している。

しかし、一、二世代前までの人にとって、職人になるという選択肢はほとんどなかった。それは、当時の世相に大きく関係していよう。戦後すぐに生まれた世代は、親や教師から高校、大学までの進学こそが社会に貢献できる最大の道だと教え育てられてきた。そう、「末は博士か大臣か」というフレーズが生きていた時代である。したがって、教師や親たちは、「ちゃんと勉強しないと、高校や大学に行けず、将来は職人になるしかないぞ」などと、なかば脅し文句に使っていたほどである。家業を継がざるを得ない者を除いては、職人という仕事を否定的に見ていたのである。否、家業を継がざるを得ない者の多くも、できるならほかの業種の仕事に就きたいと望んでいた。

高校や大学まで行って、会社員になるか公務員になることが親や教師を安心させること、とされていたのである。自分自身を振り返ってみても、職人になるという選択肢はなかった。

職人という言葉には、どうしても「滅私奉公」とか、「厳しくも長い修業期間」「親方に絶対服従の世界」という思いがつきまとっていた。長い期間をかけて技術を獲得してからでないと、自分の思ったように自由に仕事ができない避けたい職業。人権蹂躙などという言葉に示されるような「民主的なあり方に反する」強制のともなう職業、という思いと強く結びついていたのである。それは、考えるまでもなく、だれもが否定する仕事のあり方だった。

ほとんどの人は、頭で考えることによって、知識を豊富にすることによって、社会のものごとに対応できると思っていたのである。身体を使う職業は敬遠されがちだった。

その風潮のなかに自分もいた。


いつのころからだろう。「ものづくり日本」という言葉が盛んに言われるようになったのは。そのころには、「滅私奉公」という言葉も、「強制のともなう仕事」という思いも薄れていた。そしてなによりも、職人そのものの姿が消えつつある「存亡の危機」に瀕しているのである。

まさに、武士がそうであったように、職人が存亡の危機に直面するに至って、ようやく職人の価値が見いだされてきたのかもしれない。と同時に、ものごとを身につけるには、頭で得た知識、言葉で教えられた知識だけでは限界があるということに、人びと（日本人）が改めて気がつきはじめたからかもしれない。

そう、職人が技術を身につけるために必要なものは、本や言葉などから頭で身につけた知識ではなく、身体全体を使い、五感を駆使して感覚的に身につけたものなのである。見て、何度も繰り返しやってみて、長い経験を通して初めて理解できる感覚であり、身につけたもの。感覚で身につけたものだから、なかなか言葉では言い表せない。言葉にすると少なからず嘘が混じってしまう。その技術や知識は、言葉では表現できないほどに深いものなのであろう。だから、奥が深いのであり、魅力的なのである。

職人は、その感覚をどのようにして身につけるのか、確かな技術や知識をどうやって獲得するのか、その秘訣を知りたかった。そんな職人世界の成り立ちを知りたかった。

第一章

職人という存在

職人が果たしてきた役割

日本文化の一翼は、確かに職人の心が培ってきた。

職人の技は、繰り返しの動作によって身体に覚えこませることによって身につけていくもの。その結果として、仕事には無心で向かえる心を培うことを旨としてきた。

こうした訓練方法は、ほかの職業にも広く伝播し、日本の社会全体に浸透していくことになったのだから。


かつて、町の通りには箒目が清々しく残り、家具らしき家具もない家屋内は掃除が行き届いて清潔感が漂っていた、という時代があった。一日の始まりは掃除をすることから、にあったからである。通りには打ち水をしてから埃が立たないように箒で掃き、室内では、鴨居や障子の桟についた埃を叩(はた)きで落とし、和室は茶殻や湿らせてから細かく千切った新聞紙などを撒いて箒で掃き、板の間は掃いたあとを雑巾で拭いていた。人びとは朝のみならず時をおいては公共の場である往来を掃き、室内を掃除することが日課であった。生活の場をきれいに保つことが一つの徳とされていた。日本各地、どの地域でも同じことがなされていた。

幕末から明治期に、日本を訪れた欧米人は一様に日本人の生活に驚いた。それは、日本全体が生のあり様こそは貧しい状態にあるにもかかわらず、人びとの暮らしぶりが豊かで、身に着けているものに継ぎ接ぎはあるものの小ぎれいで清潔であること、人びとに礼儀作法をきちんと身につけた道徳観があること、武士・商人に限らず農民漁民や子どもたちまで普通に文字が読めることなどに対してであった。

明治期に入った当初の日本は、社会全体が欧米諸国に追いつき追い越せとの目標をもっていた。殖産興業政策下にあって人びとは、さまざまな分野で西洋からの技術を学び、真似をし、そして短期間で自分のものとしていった。政府はいち早く欧米の文明を取り入れるべく、多くのお雇い外国人を招き、彼らの指導の許に西洋の知識や科学技術を導入した。そのお雇い外国人たちは日本での生活をしていく中で、人びとの学習能力の高さに眼を見張った。彼らが教えていく知識や技術を難なく身につけていったからである。その結果、日本はキリスト教国以外で唯一の欧米諸国に肩を並べられるだけの国になっていった。

そして、彼ら欧米人に共通した関心は、「日本人は、なぜこんなにも短期間に西洋の知識や高度な科学技術を覚えただけでなく、それらの技術を自分たちのものとして消化し、さらに産業の大いなる発展に結びつけることができたのか」ということにあった。

この科学技術の発展に大いに寄与してきた要因として挙げられるのが、第一に日本人の識字率の高さである。

幕末、一八六〇年頃の日本人の識字率は、男子七十九%、女子二十一%といわれ、武士は百%であったとの統計がある。この時期、農村僻地においても二十％の人が文字を読めたという。これは「寺子屋」が都市部だけでなく農漁村にまで広がっていたことに由来しよう。寺子屋では、「読み書きソロバン」と言われていたように、まず数字を覚え、文字の読み書きを習い、実生活に必要な知識や技術まで教わっていた。一八五〇年頃の江戸の町での就学率は七十〜八十％で、およそ一千五百の寺子屋があったと言われている。ちなみに、福沢諭吉は「幕末の日本人の識字率は世界一である」と言っている。

この数字は、明治十五年の調査（文部省年報）になると、男子の九十一％、女子の五十％、全体では七十％というように伸びる。

この識字率の高さに加え、さらに驚くべき要素があった。それが第二に挙げられる日本人の礼儀正しさ、治安のよさ、清潔な家屋などである。

明治十一（一八七六）年五月に来日したイギリス人女性探検家イザベラ・バード（一八三一〜一九〇四）は、日本人の礼儀正しさや治安のよさ、家屋の清潔さなどに感嘆している。

上陸して最初に私の受けた印象は、浮浪者が一人もいないことであった。街頭には、小柄で、醜くしなびて、がにまたで、猫背で、胸は凹み、貧層だが優しそうな顔をした連中がいたが、いずれもみな自分の仕事をもっていた。桟橋の上に屋台が出ていた。これは、こぎれいで、こじママ）んまりとした簡易食堂で、火鉢があり、料理道具や食器類がそろっていた。（『日本奥地紀行』）

ただし、彼女は、日本のどこに行っても付き纏ってくる、蚤・虱、蚊には閉口していた。本書の各所で、夜、眠ることができない、と怒りを書き連ねている。ちなみに、イザベラ・バードは六月十日から九月十七日にかけて、江戸から日光に向かって東照宮を訪ね、会津街道を進んで新潟へと旅を続け、さらに山形、秋田を経て青森に至り、津軽海峡を渡って北海道にまで行った。北海道では、室蘭、白老などのアイヌ部落を訪ね、函館からは兵庫丸にて横浜に着く。その後、十月からは船で神戸に向かい、京都、伊勢神宮を旅して十二月に江戸に戻っている。そして、彼女は十二月十九日に横浜から船で日本を発つ。この江戸から新潟、北海道へと日本の北方を訪ねた旅をまとめたのが『日本奥地紀行』である

また、安政五（一八五八）年に来日し、イギリスの初代駐日領事・公使となったラザフォード・オールコック（一八〇九～九七）や文久二（一八六二）年に日本領事館員として来日し、明治初期の条約勅許問題で活躍したイギリスの外交官アーネスト・サトー（一八四三～一九二九）、お雇い外国人として一八七七年に来日し、東京大学で動物学を講義し、ダーウィンの進化論を日本に普及させる一方で、大森貝塚を発見・発掘したアメリカの動物学者エドワード・モース（一八三八～一九二五）も自分の国とも比較したうえで「こんな平和な国が世界中のどこにあるだろうか」などと言っている。

よく手入れされた街路は、あちこちに乞食がいるということをのぞけば、きわめて清潔であっ

て、汚物が積み重ねられて通行を妨げるというようなことはない――これは私がかつて訪れたアジア各地やヨーロッパの多くの都市と、不思議ではあるが気持ちのよい対照をなしている。ときどき、町から田畑に送る液体の肥料を入れたおおいのない桶を運ぶ運搬人が列をなしてとおったり、いかにも貴重だとはいえ「危険物」といえる例の物を積んだ馬が列をなしてとおったりすることは、まったくいやなものだ。しかし、馬にのせる円錐形の桶には周到にふたがしてあるから、ふたなしの桶にくらべれば、一大改良がほどこされてあるといえる。無邪気な旅行者には、その馬の姿はここにかかげた写生図からもわかるように、ひじょうに美しく見える。（オールコック『大君の都』）

そして第三が、優秀な職人の存在である。当時の職人は、どのようなものでも工夫して作ってしまうことを当たり前のこととしていた。だから、西洋から入ってきた機械技術をいち早く導入することができた。それは職人のもっている技術の高さ故であり、事に対して柔軟に対応できる応用力の広さ故にであった。職人がさまざまな技術に対応できたのは、技術の高さもさることながら、職人世界がもっていた技術伝達の方法に大きな意味が隠されていると思われる。従来から職人は、仕事を覚えるに際しては、言葉で説明を聞いて覚えるのでなく、見ることで覚えていくことを習いとしていた。言葉の通じない西洋人に対しても同様に、職人たちは（西洋人の）仕事をまずは無言で見、見様見真似で試行錯誤を繰り返しながら、さまざまな技術を自分の身につけていったとしか思われないのである。たとえ、通訳がいたとはいえである。この点に関しては、一八五九年に上海から日本に上陸したばかりのオールコックが、長崎の造船所（長崎海軍伝習所の付属工場）で目にしたという一文が物語っている。

それから一年もたたないうちに、大きな旋盤工場は完全に活動するにいたり、良家の子弟も含む日本人労働者たちが、蒸気機関用の全部品を製造している。そのほかに浸油調節用ランプなどを製造していることもわかった。鍛冶工場にいたってはそれ以上である。そこでは、ナズミスのハンマー（イギリスの技術者のナズミスが一八三九年に発明した蒸気ハンマー）によって工作が整然と行なわれ、損傷を修理するためのあらゆる必需品が製造されている。これこそは、日本人の進取の気性（原文は「気象」）と器用さを示すずばぬけたこの上ない証拠であって、かつてこれらのことを企てた中国人を断然ひきはなしている。わたしは、かつては蒸気船ないし蒸気機関を見るだけであった日本人が、こんどはかれらじしんの手で管式ボイラーつきの蒸気機関をつくりだしたことを指摘しておきたい。それらは、もっぱらオランダ式工作作法にのっとってつくられた。このエンジンは、組み立てられたのみか船を動かすためにつくられたのであった。たしかに、その構造と適合の両面には、さまざまな欠点があった。であるから、技師たちが「自分の仕掛けた地雷に飛ばされた」というような目に合わなくてすむとすれば、むしろ驚くべきことだといわねばならないだろう。がしかし、かりにそれが日本人の能力と進取の気性（気象）を示す国民的な記念物をして保存する価値がないとしても、これらの欠点は、主任技師の有能な技術で改善することができよう。アメリカの一著述家は、不本意ながらも日本人が当然うけるにあたいする名誉をかれらに与えざるをえないというような態度で、労働者たちは合衆国の蒸気艦ミシシッピー号を見たに相違ないということをほのめかしている。だが、これは明らかにかれの誤りである。実際には、アメリカその他の蒸気船が日本近海に出没するずっと以前から計画されていた。（『大君の都』）

このような職人世界を支えてきた仕事に対する意識が、明治期の技術革新に大きな役割を果たしてきたとも言えよう。

その職人の意識とはなんであろうか。

また、その職人意識はどのようにして形成されてきたのであろうか。

その形成過程を知るのが本書の目的である。

職人はなぜ優秀なのか

よく、日本の職人は優れている、と言われる。

なにが優れているのか。

職人には、なんでも自分の思ったようにものを作ってしまうという凄さがある。まず、職人が作るのは製品だけではない。自分にとっての使い勝手のよさを求めると同時に、その製品の用途に合わせて、道具も自分自身で作る。例えば、箪笥を作る職人は、箪笥を作るだけでなく、箪笥を削る鉋も箪笥にあうように、しかも自分の身体にあったように作る。穴を開ける錐も自分で作る。だから職人の仕事場には、大小さまざまな種類の鉋や錐などの道具類が所狭しと並ぶことになる。それらは、自分の体に合わせるだけでなく、仕事の内容に応じてその都度作り続けてきたものである。

道具を作る時間があるのなら道具屋に行って買い求めればいいようなものなのに、なぜ職人は、ほかの専門店から道具を買ってこないのだろうか。鉋や錐を作るのは、それぞれの専門の職人に任せたほうがいいものができるだろうに。しかも、道具を作っている時間があればもっと多くの製品を作れるではないだろうか。つい、道具を作る時間がもったいない、などと思ってしまうものである。

しかし、そうではない。職人が求めているのは、自分の身体にあった道具を持つことに基本がある。自分の身体にあった道具とはどういうことなのか。また、なぜ、道具も自分で作るような仕事の仕方をするようになったのか。

それを一言で説明するのは難しい。職人がよく使う言い回しだと「道具が手にしっくりとなじんでいないと身体は自由に動いてくれない」と言う。どうも、職人が手にしている道具は、道具でありながらすでに道具ではないのである。妙な言い方であるが、道具は職人の身体の一部と化し、道具を持っていることさえ意識することなく仕事に向き合っているのである。

仕事をしているときに、道具に気を取られているうちはもの作りに向き合うことができない。ものに無心で向き合えないうちはいい製品が作れない。したがって、職人はものを作っている時には、身体の動きに任かせて無心でものに向き合っているということになる。また、身体が覚えてしまっているから、同じ製品をいくつも作り出すこともできるということにもなる。

だから、自分に合った道具にこだわりをもつのである。

また、ある職人が言っていた。

「ほかの職人が作ってくれた道具も、使うに際しては自分用に手を加えるか、全く作り直さなければ使いものにならないから、初めから自分で作ったほうが時間は無駄にならないんだよ」、と。

その通りなのであろう。職人が道具にこだわるのは自分にあった道具でなければ、仕事に無心になれず、仕事がはかどらないからなのである。

この無心でもの作りに励めることがいいものを作り出す秘訣なのかもしれない。

長い職人の歴史のなかで培われてきた「あるべき職人の姿」が、ここに見受けられよう。そして、次からつぎへと優れたものを作り出す、職人の優秀さの説明ともなろう。

また、多くの職人はほとんどの場合は図面などを見ないし、製品に合わせて図面を描くこともしないという。

共同で作業をするに際しては、親方の指示に従って作業をすることを旨としてきた。長年一緒に仕事をしてきたことで、ある程度の指示をもらうことで、作業の工程はほぼ把握できたし、微調整が必要なときは口頭でのやり取りで可能であった。ともに仕事をすることを通して、お互いの力量を認め合っていたのである。だからこそ、お互いの得意とする作業や部位を知り、安心して作業を任せることができた。また、お互いの不得意な箇所を補い合うこともできた。そういう意味での信頼関係が成り立っていたのである。

しかし、明治時代以降、この職人の世界がしだいにすたれていくことになる。

学問を優先させた福沢諭吉

では、このような職人の世界はなぜ失われていったのであろうか。さらに、疎んじられていったのであろうか。

その出発点は、いわゆる幕末明治維新の文明開化にある。西洋に追い付き、追い越せという時代の風潮であり、人びとの思いである。

すでに触れたように、幕末から明治維新期における西洋諸国との接触により、特に日本の知識人を中心に、欧米の科学技術の先進性に驚きをもって知ることとなった。同時に、日本人が世界の現状を知るための知識のなさに愕然とし、学問の必要性を痛感したことは明らかである。そのため人びとの目を覚まさせるべくさまざまな啓蒙書が書き著されたが、その象徴的な著書が福沢諭吉の『学問のすゝめ』（明治五年二月第一編〜同九年十一月第十七編）であり、『文明論之概略』（明治八年四月刊）である。

天は人の上に人を造らず人の下に人を造らずと云へり。されば天より人を生ずるには、万人みな同じ位にして、生まれながら貴賤上下の差別なく、万物の霊たる身と心との働きを以て天地の間にあるよろづの物を資り、以て衣食住の用を達し、自由自在、互に人の妨をなさずして各安楽にこの世を渡らしめ給ふの趣意なり。

（『学問のすゝめ』初編）

という冒頭の文章で有名なあの著書が『学問のすゝめ』である。

福沢諭吉はその著書の中で、

身分重くして貴ければ自から其家も富で、下々の者より見れば及ぶべからざるやうなれども、其本を尋れば唯其人に学問の力あるとなきとに由て其相違も出来たるのみにて、天より定めたる約束にあらず。

として、学問の大切さを説いている。しかし、そこで言っている学問の内容とは次のようなものである。

学問とは、唯むづかしき字を知り、解し難き古文を読み、和歌を楽み、詩を作るなど、世上に実のなき文学を云ふにあらず。これ等の文学も自から人の心を悦ばしめ随分調法なるものなれども、古来世間の儒者和学者などの申すやうさまであがめ貴むべきものにあらず。古来漢学者に世帯持ちの上手ものも少く、和歌をよくして商売に巧者なる町人も稀なり。これがため心ある町人百姓は、其子の学問に出精するを見て、やがて身代を持崩すならんとて親心に心配する者あり。無理ならぬことなり。畢竟其学問の実に遠くして日用の間に合はぬ証拠なり。されば今斯る実なき学問は先づ次にし、専ら勤むべきは人間普通日用に近き実学なり。譬へば、いろは四十七文字を習ひ、手紙の文言、帳合の仕方、算盤の稽古、天秤の取扱等を心得、尚又進で学ぶべき箇条は甚多し。地理学とは日本国中は勿論世界万国の風土道案内なり。究理学とは天地万物の性質を見て其働を知る学問なり。歴史とは年代記のくはしき者にて万国古今の有様を詮索する書物なり。経済学とは一身一家の世帯より天下の世帯を述べたるものなり。修身学とは身の行を脩め人に交り此世を渡るべき、天然の道理を述べたるものなり。是等の学問をするに、何れも西洋の翻訳書を取り調べ、大抵の事は日本の仮名にて用を便じ、或は年少にして文才のある者へは横文字をも読ませ、一科一学も実事を押へ、其事に就き其物に従ひ、近く物事の道理を求て今日の用を達すべきなり。右は人間普通の実学にて、此心得ありて後に士農工商各其分を尽し銘々の家業を営み、身も独立し天下国家も独立すべきなり。

ここで福沢諭吉が言っている学問とは実学のことである。儒学者や和漢学者などのような難しいことを述べている学問は、人びとが生きていくための役には立たない。普通の人間に必要な学問とは、いろは四十七文字を覚え、手紙の書き方や帳簿のつけ方、算盤、天秤でのものの計量の仕方などを取得し、日本のみならず、世界各国の地理や歴史を学び、人と交わっても失礼のないような礼儀を身につけることである、と説いている。そして、学問的に余裕のある者は外国語も覚えたほうが視野を広げるためには役に立つであろう、ということも。

現在の教育水準でいうなら、義務教育の中学校までで学ぶ程度の学問があれば十分だ、と言えるのではなかろうか。外国語のことは別として。

福沢諭吉の当時は、自分の仕事を身体でものごとを覚えることが一般的で、それ以外の仕事とは直接結びつかない知識は必要ないとされていた。その現実を踏まえて、福沢諭吉は、身体で覚えた技術に、生活に役立つ知識をも身につけたならば西洋諸国に匹敵できるだけの力を身につけることができるとしたのであろう。したがって、福沢諭吉の脳裏にあったのは、身体で技術を身につけると同時に、頭脳でも考えながら製品作りや仕事に処すということであった。この両輪こそが近代日本が西洋諸国に肩を並べるためには必要な要素であるとしたのである。

しかし、その後の日本の歩みは、福沢諭吉が当初思い描いていた構想を大きく超えて、学問を偏重することに至ってしまった。身体でものごとを会得するということを軽くみるようになってしまった。親方や兄弟子から、言葉にはできないものの見方や知識を、仕事という実践を通して学んでいくという作業方法が受け継がれなくなってしまったのである。その結果、職人が長年にわたって育んできた修業のあり方が等閑(なおざり)にされてしまった。だれしもが進学を目指し、より高学歴になることによって仕事ができるようになると錯覚してしまった。サラリーマンになること、あるいは役人（公務員）になることだけが立身出世の道となってしまったのである。否、立身出世という尺度が職人という生き方を軽んずるようになったと言えるのかもしれない。

とくかく、職人という職業は次第に疎んじられるようになっていく。

それは、福沢が悪いのではない。福沢の意図を超えて、本のタイトルが勝手に独り歩きをしてしまった結果とも言えよう。福沢がこの本で言わんとしたことを離れて、「学問のすゝめ」という言葉だけが一般に浸透し、安易に知識を詰め込むことが学問であり、知識を得ることで仕事ができるようになり、出世できる、と早合点したのである。学問を身につけ、知識を増やすことで、偉い人になれるし、金持ちになれると思いこんだのである。その結果、さまざまな知識を身にまとい、頭だけで考えようとする人間が増えてしまったのではなかろうか。

ちなみに、明治五年二月に第一編として書き始められた『学問のすゝめ』は、明治九年十一月の第十七編まで書き続けられた。おおよそ現在に至るまでに、各編の発行部数は約二十万部、総発行部数は三百四十万部に及ぶという（『福沢諭吉全集』緒言）。これは、明治時代における出版会の大きな事件であった。と同時に、多くの人は本を買ったことで読んだ気持ちになり、きちんと読むことをしなかったのではなかろうか。そう、いわゆる「ブーム」に乗せられて買っただけの人も多かったのではなかろうか、などと勘繰ってしまう。まさに現在の、買い手は多いが、多くの人は読みもしないままに置き去りにしたままのベストセラーに似てはいまいか、と。

この結果、「学問」をしない、身体を使うことで知識や技術を身につけていく職人は、しだいにだれもが見向きもしない魅力のない職種になっていった。身体でものごとを考えていくことより、机上で得た多くの知識を身につけて仕事に励むことが尊ばれていくのである。

悪しき職人のイメージ

と同時に、身体を使っての仕事より、頭でする仕事のほうが、楽で立派な仕事のように思われるようになってきた。いわゆる、丁稚を経て、手代、番頭となっていく前近代的な企業ではなく、立身出世のできるサラリーマンこそが花形の職種になったのである。当時は、「腰弁」と言われた弁当を片手に出勤する、いわゆるサラリーマンや役人こそが、次代を担う職業人として崇められ、額に汗して働く職人などは次第にだれもが顧みなくなる職種へとなっていった。いわゆる、肉体労働への忌避である。逆に考えると、それほどさまざまな職種が生まれ、仕事に幅が生まれてきたとも言えよう。

そして、職人という職業がより一層疎んじられるようになったのは、終戦後のことであろう。戦後、アメリカからの民主主義教育の導入とともに職人の世界は、職業的にはますます世の中の隅に追いやられてしまうことになる。あるいは、明治以降の科学技術の発展とともに徐々に浸透してきていた傾向に一層の弾みがついたからと言うべきであろうか。さまざまな道具が機械化されるようになり、それまで職人が培ってきた手工業に対して人びとが「時代遅れ感」を抱くようになっていったのである。しかし、この傾向に拍車をかけたのは、やはり戦後教育がもたらした価値観であろう。

戦後民主主義教育の基本の一つに基本的人権の確立がある。基本的人権という御旗の許、教師が子どもを怒鳴る殴るなどによる教育のあり方は禁止された。子どもにわかりやすく言葉で説明することが求められた。そして、子どもたちの基本的人権を侵害しているもっとも説明しやすい世界として、職人の教育システムが取りざたされた。人間は、生まれながらにして平等であり、生まれながらにして個性を有している、との原則論を踏まえ、親方への絶対服従を弟子に求め、弟子の個性をまったく無視した徒弟制度は、悪しき昔の日本的風習の象徴として指摘・攻撃するには最適であった。徒弟制こそが民主主義教育の対極にある、もっとも分かりやすい否定すべき対象であった。

学校教育では、小・中学校の義務教育を卒業すると、高校、大学へと進学して、将来の仕事はサラリーマンになることがよりよいこととされた。ここには親や教師の、より上級学校に進むことによって、より職業選択の幅が大きくなり、より幸せな生活を送ることが可能になる、との子どもに対する思いが込められていたことは言うまでもない。いわゆる、「いい学校を出て、一流企業に就職する、あるいは国の役人になることが人生を幸せに生きることだ」という考えである。だからこそ教師は授業中によく、

「ちゃんと勉強しない者は、将来は、商店に丁稚奉公にやらされるか、辛い修業に耐えなければならない職人にでもなるしかないぞ」

などと言って、勉強をさせるために、半ば子どもを脅していたものである。

ここには、職人とは、長い修業期間を経てはじめて一人前として扱われるようになり、やっと一人

で仕事ができるようになるという考えがある。その考えにはある種の蔑視感がともなっていた。また、職人は勉強のできない者や落ちこぼれが長年の丁稚奉公を経てなる職業、というある種の決め付けがあったように思われる。子どもたちにも、親方に叱られながら掃除ばかりさせられ、一日中こき使われている丁稚の姿を思い浮かべ、「あんな職業には就きたくないなぁ」と思っていたものである。もちろん、嫌々ながらも親の仕事を継がなくてはならない子どもたちもいた。

そんななかに勉強のできる子どもがいたりすると、「お宅のお子さんは学業が優秀なので、高校・大学に進学させてやってくれませんか。奨学金制度もありますので、家計に負担をかけないで学業を続けさせることもできますよ」などと教師が助言をしていたものである。そんなとき、その親は決まって、「職人に学問は必要ない。早く学校を卒業して、身体で仕事を覚えるのが一番なんだ」などと言っていた。

したがって、一般の人が抱く職人という仕事に対するイメージは、

頭ごなしに叱られながら仕事を覚える。

すべては親方の言う通りにしなければならない。

親方の家に住み込みで仕事をしなければならない。

自分の好きなように時間を過ごすことができない。

などというものであった。職人になるためにはこのような環境で仕事を覚えていかなければならないというイメージがあった。否、いまなおそのイメージはつきまとっているのではなかろうか。

確かに、見た目にはそう取られても仕方のない光景がある。しかし、それも長年培われてきた非常に意味のある職人の教育システムなのではあるが。

その説明の前に、もう少し職人に被せられたイメージについて考えてみたい。

頑固者＝職人気質

一方、職人個人に対してのイメージはというと、

自分の仕事のやり方を変えない。

他人の言うことは聞かない。

他人から見ればどうでもいいような、些細と思われることにこだわり続ける。

自分流をそのまま他人（弟子）に押しつける。

きちんとした説明もしないままにすぐに怒りだす。

新しい技術を取り入れようとしない。

気分が乗らないと仕事をしない。

などと、とにかく自分の技術に自信があり、安易に他人に妥協しないという頑固者のイメージがつきまとう。

確かに、

「あの人は職人だから、偏屈者なのよ」

「とにかく融通の利かない人だからね。だから職人とは付き合いたくないのよね」

「職人気質の抜けない人だから、付き合いもほどほどにしておいたほうが好いよ」

などと、周りの人がいう科白を何度聞いてきたことか。

そして職人自身もいう。

「身体で覚えてきたものを、そうやすやす変えることができるものか。この仕事のやり方は身体が覚えているんだ」

「頭ばかりで考えているから、手が動かないんだ。ほんとうに、頭でっかちは使いもんにならんわ」

などと。身体で覚えたものだから変えることが難しい、頭で考えているうちは役に立たない、と言うのだ。先にも述べたように、職人は身体が覚えている動きに合わせ、無心のなかで製品を作ってきたのだから。

また、職人には職人特有の身体つきというものがあるようにも思われる。とくに後姿に特徴がある。大きな肩幅で、胸は厚く、腕も太い。とくに二の腕、三の腕の太いのが目につく。仕事をするときには背中をいくぶん丸くしてものに対している。立って鉋がけをしている姿にしても、背中を丸くしている格好に職人らしさがある。刃物職人が槌を振るとき姿も、心なしか背に丸みがある。背をピーンと伸ばして、姿勢正しく作業をしている職人には出会ったことがないことに改めて気づかされる。こんな姿勢一つにも、職人らしさがあるようだ。

そう言えば、奈良の宮大工西岡常一棟梁に弟子入りをしたときの小川三夫さんの逸話がある。

高校の修学旅行で、法隆寺の五重塔を見て宮大工になりたいと弟子入りを願った小川さんに、西岡棟梁は、「歳が経ち過ぎている。人間の身体はだいたい十五歳でできあがる。それまでに大工にふさわしい身体、筋肉を育てておかないと、仕事をしてもすぐに疲れてしまう。体がすでにできあがっている高校生では、大工の身体にするのがたいへんだ」と言われたというのである。そして、「不思議なもので、若いうちから身体を作ってきた人は肉体的には疲れても、一晩眠ると翌日にはけろっとしている。ところが、歳いってから身体を作った人ではそうはいかない」と小川さん自身が語っている。

しかし、その小川さんはその後、無理を言って西岡棟梁の弟子になり、現在は日本を代表する宮大工の棟梁となっている。のちになって西岡棟梁は、あの頃は仕事が少なくて、弟子にしても育てることが難しいと思っていたこともある、と漏らしてもいる。

とはいうものの、どうも職人特有の身体つきにならなければ、一人前の職人にはなれないようである。この身体つきというのが曲者で、職人の身体つきとは肉体を司るだけではなく、どうも心まで支配してしまうように思われる。身体が先で心が後なのか、心が先で身体が後なのか、その辺のところが難しい。

しかし、とにかくこの身体が、人を頑固者にする権化であるとしか言いようがないのである。そして、この頑固な性質を、職人気質ともいう。

一方、職人気質という言葉のニュアンスには、

自分の気に入ったものに仕上がるまで途中で仕事を投げ出さない。

自分の気に入ったように仕事を完成させるためには金や時間に糸目はつけない。自分の思ったように完成させるためにさまざまな工夫を凝らす。筋の通らないことには手を出さない。などというプラスに働くイメージも重なっている。

どちらにしても職人とは頑固者であることに変わりなさそうである。そして、この自分に妥協しない職人気質がどのような過程を経て生まれてきたのかも気になるところである。

職人と芸術家の違い

同じような仕事をしていて、同じように頑固者のイメージを重ねられている職業に芸術家がいる。そして、これほど多く芸術家が世の中に生み出された時代が過去にあったであろうか。戦後、職人が日の目を見ない日々を送っていた時代に、多くの芸術家が輩出されてきたように思われる。おそらく、日本の歴史上最高の芸術家至上時代であろう。

また、一九五四年に「重要無形文化財の指定及び保持者の認定の基準」が定められ、「芸術上特に価値の高いもの」「工芸史上特に重要な地位を占めるもの」に対して、いわゆる「人間国宝」が認定されるようになった。この規定により毎年、新たな人間国宝が生まれることになった。なにも毎年認定する必要もないと思われるが、実際には、毎年人間国宝が生まれるほどに芸術家は多いというわけである。

こう言ってしまうと芸術家には叱られそうだが、やっている仕事は職人となんら代わりがない。漆の箱を作ったり、粘土を捏ねて茶碗や花入を作ったり、竹を裂いて籠を作ったり、糸を紡いで布を染めたり、着物を織ったり、である。同じようにものを作っている職業でありながらこの違いはどこにあるのだろうか。

日々同じものを、同じように作り続けている職人にとっては、親方に教わった通りに製品を作り続けることが大切なのであって、「芸術上特に価値の高いもの」や「工芸史上特に重要な地位を占めるもの」を作るのは関係のないこと。ただ、確かな技術だけが評価される。例えば、百個の茶碗を作ったら、百個が同じ大きさで、同じ厚さで、同じ形であることが重要である。まるで機械で作った製品であるかのように。

逆に、親方の作ったものとは異なる、気をてらったようなものを作ると「そんなもの使いものになるか」などとい言われ、叱られるのがオチである。とにかく、職人とは、百個、千個と同じ製品を、同じように作れる人のことを指す。

しかし、俗にいう芸術家の場合は、自分自身にしか作れないものを表現することに力点がおかれている。極端な話、技術などはなくとも創意性に富んでいれば、芸術家としては認められる可能性があるのである。その意味では、他人には決して真似のできないもの、自分でも二度と同じものができないものを作ることが好しとされる世界とも言えよう。

こう考えるのなら、芸術家とは、一つの自分のイメージを追い続けて作品を制作しているうちに、その作品が百個なり、千個になったしまった、という人のことを指すとも言えよう。もっとも、同じものを百個も千個も作り続けながら、自分が思い描いている作品を追究している芸術家にはあまりお目にかかることもないが……。

そして、もう一つの要素として、芸術家には、その初期の段階から個人の自由に作品を製作することが許されていることがある。職人のように厳しい修業時代を経ることなく、思ったように作品を作れるのが芸術家という職業の魅力でもある。もちろん、師を求め、師について製作工程を学ぶことはできる。しかし、その際の教えには、一般的に職人における師弟の関係ほどの厳しさはない。

多少、話が極端に過ぎたかもしれない。

しかし、話をわかりやすくするなら、個性を求めないのが職人の作る製品、個性を主張するのが芸術家の作る作品ということになろう。

では、職人の作る製品に個性はないのだろうか。

じつは職人の作る製品にも個性はある。

見る人が見ると「この製品は何処そこの職人さんが作ったものだ」と言い当てる。それが、職人個人である場合もあるし、職人集団のときもある。それは、職人の系譜を把握しているから分かることであるが、言われてみれば作風が異なっていることは分かる。親方から仕事を教わり、そのまま受け継いできた職人には、代々に繋がっているある製品の傾向があるからである。それはちょっとした形の違う製品として存在している場合もある。また、鑿の入れ方が違うときもあるし、縁取りの納め方の違いとして現れるときもあるし、ホゾの組み方の違いとして見受けられるときもある。それが言葉では言い表しようもない微妙な味わいを醸し出しているのである。自己を強くは主張していないが、製品としての個性が確かにそこにある。

これは茶道や華道、能などの世界における一種の流派とでも言い表すことができよう。

しかし、人びとは芸術家の個性は認めても職人の個性を認めない。否、職人も個性など認めてくれなくてもいいと思っている。だから、職人の製品が日の目を見ることも少ない。

職人は滅ぶのか

このようにみてくると、職人の世界が如何にいまの時代に逆行しているかが手に取るように見えてこよう。

この即効性が求められる時代に、長い修業時代のあることに魅力はない。仕事を覚えるまでの辛抱なんかしていられない。現代は、だれしもがすぐにでも仕事をはじめて、お金を得たいと思っている時代である。ちょっと話は逸れるが、企業側にしても、即実践に役立つ人間を求めている。時間と金をかけて社員を教育している暇などないのが現実。

消費することに社会の主流がある時代に、手作業でコツコツと時間をかけて同じものを作り続ける必要はない。同じものを作るなら機械による大量生産で一気に作ればいいではないか、というのが主流である。

ＩＴ（情報技術）、ＡＩ（人工知能）などを駆使するベンチャー企業など、革新的なアイディアや技術を用いた個性あふれる職種や生き方が求められている時代にあって、コツコツと個性のない製品を作り続けて地味な生活を送っている職人に、多くの人びとは魅力は感じない。製品だけではなく、職人の生き方そのものに個性が感じられないとして、魅力に乏しいのが職人の仕事なのだ。

多くの人が机上に置かれた機械を前に、コンピュータを駆使して仕事をしているのに比べ、職人は相も変わらず身体を使っての仕事である。いわゆる、仕事にスマートさがないのである。いまの人が就職先として嫌がっている「３Ｋ＝きつい、汚い、給料が安い」の象徴的存在として職人の世界はあるのかもしれない。

したがって、職人になろうとする若者も少なくなってきている。そして、職人の現状は、高齢者によって辛うじて支えられているというところにある。現状のままではかつて日本が世界に誇った職人はいなくなる。まさに、絶滅危惧職種なのである。このまま社会から職人がいなくなってもいいのであろうか。

どうも答えは「ノー」らしい。

現に、文部科学省や厚生労働省では、「ものつくり大学」（埼玉県行田市に、二〇〇一年四月開学）、「私のしごと館」（関西文化学術研究都市内に、二〇〇三年三月三十日にプレオープン、十月四日グランドオープン）なるものを創設して、少しでも多くの若者にさまざまな仕事に関心をもってもらい、あわよくば「職人のような人」になって欲しいと望んでいる。

石油製品であるプラスチックで加工した製品ばかりではなく、手触りの好い、木製の製品の普及などにも努めている。手作り製品の素晴らしさと安全性をもっと多くの人びとに理解して欲しい、とさまざまなキャンペーンを行なったりもしている。

しかし、そんな催しや「私のしごと館」にしても、創設当時こそ話題になったものの、いまや閑古鳥が鳴いている状態。厚労省では施設としては大きいが、見物人のまったく入らない「私のしごと館」などは平成二十二（二〇一〇）年に閉鎖している。施設を作ったのは好いが、その運用の仕方が分からないという箱物行政の典型がここにもあった。

またしても話は脱線するが、どうものこの国の考え方の根本には、職人の世界を立て直すにも、建設業を優先させるということがあるらしい。職人を育てるには何が必要かを考える前に、どんな建築物を建てるかが優先される。そして、行政と建設業との癒着ができる。あるいは、先に癒着がある、だから、まず箱物（施設）ありきなのだ。こんな日本の箱物行政はいつからはじまったのだろう。

このように、自然資源に乏しい日本が生きていく道はものを作っていくことにしかない、という思いにもかかわらず、職人の世界はただひたすら衰退の一途を辿っているのである。これが「ものづくり日本」の現状である。

そして、失なわれゆく職人の世界にひたすらエールだけを送っている。おそらく、後継者が絶えて職人がいなくなってはと困る、という漠然とした意識だけがあって、職人の世界が近代日本社会の底辺で支えてきた精神世界までには思いが至っていないのである。

だれが？
日本社会の中枢を担っているお役所のお歴々が、である。
それは「ないものねだり」に近いものであろう。
それにしても、日本の職人世界はそんなに底の浅いものだったのであろうか。

第二章　職人の世界観

なぜ、弟子入りは若いうちなのか

ここで、改めて職人の育てられ方ついて考えてみよう。

すでに述べたように、職人になるためにはまだ身体のできあがっていない若いうちがいい、と言われる。本来なら小学生ぐらいのときからはじめて欲しいのだが、義務教育があるのでそれは無理としても、遅くとも中学校を卒業してすぐに弟子入りして、職人としての身体に作り上げていくのが好ましい、と。高校を卒業する十八歳だと、半ば身体ができあがってしまっている、とも。

これは相撲の世界で、「まだ、身体が相撲取りの身体つきになっていませんね。身体ができてくればもっといい相撲が取れるようになるでしょう」などと解説者が言っていることにも通じることであろう。相撲取りの身体つき、能役者の身体つき、弓道者の身体つき、落語家の身体つき……。それらに通ずる身体つきの大切さである。さまざまな職業には、それぞれの身体つきというものがある。この身体つきが、その職業における一つの形なのである。この形ができてはじめてその道の初心者足りうるのである。

身体ができることによって無理のない仕事の姿勢ができ、長時間仕事をしていても疲れることが少ないという。また、疲れたとしても回復が早いとも。

と言っても、最近では大学を卒業してから職人世界に入ってくる人も多くなっている。

ある親方は、職人になる者がいなくなっていることと、多少、時間はかかるとはいうものの、長年仕事を続けていると次第に身体は作られてくる。時間さえかければ仕事に差しさわりの生じることもなくなる、と言う。言葉で説明することで、おおよそのことは理解してくれるので仕事の呑み込みは早い、とも言う。かつては人生五十年と言われたが、いまや「人生一〇〇年時代」。働こうと思えば大卒のほうが七十歳はおろか八十歳を過ぎても働けるのがこの仕事。食生活の変化に伴い日本人の体力が向上したこともあり、就労期間を延ばすことが可能になった。大学を出てから職人になっても、時間はかかるものの自ずと身体はできてくるというのである。ただし、遅くに職人になってもだいたいのところ処理できるが、仕上がりの微妙なところにまで目が届くのは、やはり頭ではなく身体で仕事を身につけた叩き上げの職人のほうだ、と付け加えることも忘れない。

実際、親方が新弟子を育てていくにあたって、どれくらい仕事に慣れてきたかを見る一つの指標は、作業をしているときの姿だという。仕事場での動き、作業をしているときの姿を見るだけで、弟子がどのくらい仕事をできるようになったかが分かる。これは職人同士が相手の仕事振りを測るのに、道具の取り扱いを見ただけで判断できるのと同じであろう。その意味で、職人の世界は形（型）から入るものなのかもしれない。まず形ありきであり、その後に心が育てられてくるのである。

付け加えるなら、もう一つの指標は仕事をしているときの音である。例えば、金鎚を使っているときに出す音の違いによって、弟子がどの程度の仕事ができるようになったかを図る。鉋がけをしているときの姿ではなく、削っているときの音を聞くことによって仕事の程度を図る。同じ作業をしていても、均一な音を出しながら仕事をしている者と、不均等な音を交えながら仕事をしている者とでは仕上がりにも違いが出てしまう。だから、姿の見えない遠くにいても、力量の程を図ることはできる。

仕事は言葉ではなく、身体で覚えるもの

もう一つ、若いときに仕事に就いたほうがいいという理由がある。それは、すでに触れたが人間は年齢を重ねるほどに頭でものを考え、理屈でものごとを判断するようになってしまうことである。どういうことか。

職人は身体で仕事を覚えることを旨とする。そのためには仕事場の雰囲気に慣れることが大切である。雰囲気に慣れるとは、五感でものごとを覚えるということでもある。雰囲気は頭で考えて分かるものではない。その場に足を運び、その場にいて慣れていくしかない。仕事場の匂い、仕事場における道具の配置をしっかりと目で覚え、木や鉄などの肌触り、仕事場で奏でられるさまざまな音。これらを身体で慣れ、覚えていくことが最初である。だから新弟子にはすぐに仕事を与えたりはしない。親方によっては、弟子入りしたばかりのころは道具に手を触れることも許されない。

よく言われるように、新弟子は仕事場の掃除ばかりさせられる。朝、まずは仕事場を掃除することから始まり、仕事が一段落するたびに掃除、そして、仕事仕舞いも掃除で締める。仕事場は神聖なる場所。つねに清潔な状態が保たれていなければならない、という世界である。だから、まずは、掃除から教える。道具をきちん所定の場所に片付け、材料を整理し、箒で掃き、時に応じて雑巾で拭く。

仕事とは「掃除に始まって、掃除に終わる」という言葉は、そんな職人のあり様を教え、身体に滲みこませるためにある。まさに「すべては清めにはじまり、清めで終わる」という日本文化の一端がここにもある。掃除に明け暮れる期間は人によってまちまちである。

そして、次の段階へと進む。これも親方の考え次第である。

砺波（となみ）の欄間（らんま）職人岩倉雅美さんは言う。新弟子になり、多少慣れてきた頃には、道具を作ることばかりさせられた。親方の持っている道具を一つ与えられ、「これと同じものを作れ」と言われるのである。わけもわからず、見様見真似で作る。一つできると今度はまた別の道具を持ってきて、「これを作れ」と言われる。こうしてしだいに道具が増えていくのであるが、それが、自分が仕事をはじめるときに使う道具となる。道具を作ることを通して、徐々に仕事に慣れていったのである。

職人にとって道具は命である。だから、仕事場を歩いていて、道具を踏むことはもちろん、跨いだり、道具を放り投げることは厳禁である。昔の人は道具に対する尊さを知っていたが、そんな気持ちも現代人はもち合せていない。こんな姿勢も若いうちから言われていなければなかなか身につかないとも言う。

そして、仕事場の雰囲気に慣れてきたと見るや、つぎは刃物砥ぎをさせられる。刃物を砥ぐといっても、下手に砥ぐとかえって切れ味が悪くなる。また、砥石が平均に減っていくように砥がなければならない。刃物を一つ砥ぐのも難しい。小刀の類だと、右手で柄の部分をしっかり握り、左手の指は砥いでいる刃の部分を押さえながら砥ぐ。この作業を続けているうちに、しだいに無理のない姿勢が身に備わってくると言う。やはり、身体が刃物を砥ぐ姿勢にならないうちは、半人前にもなっていないと言う。

現在、七十歳代も半ばを超えたと思われる武生（たけお）の指し物職人の三崎一幸さんが、昔を思い出しながら語ってくれた。

「親方の許に来たばかりの時には、朝から晩まで刃物ばかり砥いでいました。仕事場にあったすべての道具を砥いでいたように思いますね。砥ぐときには水を使いますから、夏は気持ちがいいのですが、冬になると凍りつくような水になります。あかぎれの手に息を吹きかけては、かじかんだ手で砥いだもんです」

慣れてくると、なにも考えずに、ただひたすら砥ぎ続けるようになると言う。

弟子になった当初は、どの職業に就いた人も一様に、道具に携わることからはじめるようだ。いずれ自分が使う道具を作らされたという人。ノミの刃の部分だけを与えられて、それに柄の部分をつけて仕上げ用のノミを作らされたという人。なかには何種類ものノミをただ渡されて、同じものを作れと言われた人もいる。しかし、その人は、わけも分からないままに渡されたノミと同じようにノミを作り続けたと言う。

とにかく、なにごとにおいても、職人世界においては習うより慣れろが基本。

そして、余裕が出てくると、砥ぎながら、道具を作り親方や兄弟子の仕事を盗み見しながら、どんなふうに仕事をしているのかを覚えていったと言う。そしてようやく、仕事の手伝いをさせてもらえるようになる。そのときにも、いちいち口で説明されることはない。

あるとき、突然、

「おい、お前その仕事、手伝ってやれ！」

の一言。

それが半人前になったことの証でもあった。

といっても、これは昔の話である。弟子の育て方は基本的にはいまも変わらないが、親方にもそんな悠長なことをしている余裕はないし、また、そんな若い弟子もいない。

現代人は、さまざまなことを頭で理解しようとする傾向にある。頭で理解しないと行動できないという要素が強くなっている。それに職人修業に入る年齢の問題もある。「いい歳をした者に、掃除ばかりさせられないだろ」ということにもなる。だから職人の世界も、現代の風潮に合わせて変化した。修業についた弟子に対し、仕事の初めと終わりに掃除をすることに変わりはないが、掃除が終わったらすぐに刃物砥ぎや仕事の手伝いをさせる。いまという時代に合わせ、言葉で説明し、仕事の内容を理解してもらってから手伝ってもらうようにしている。

職人と話していてよく聞く話にこんなことがある。親方が弟子の質問に答たり、仕事の内容について説明し終わって、

「では、この通りにやってくれ！」

と仕事にかかるように促がすと、弟子が

「分かりました」

と答える。すると透かさず親方が、

「バカ野郎！　分かりました、じゃないだろ。ヘイ、だろ」

という話である。

そして、「分かりました、と言うなんて生意気な奴だ」ということになる。

仕事の右も左もまだわからない弟子が、親方の説明を聞いてすぐに「分かるはずがない」と言うのである。したがって、説明を聞き終わったときの弟子の返事は「ヘイ」でなければならない。この返事を「ハイ」とすることもない。「ヘイ」とは、「ハイ」のへりくだった言い方である。弟子は、一人前ではないということの証である。そして、最近の若い者はすぐに「分かりましたと言う」と近年、親方たちは不満を洩らしている。

三条市で包丁を作っている職人飯塚解房さんが言うには、

「口で説明して分かるほど、この仕事は簡単じゃない。だから、手伝いをしているうちに自然と分かってくるだろうというのが前提だ。分からない、ということが分かるということは半人前になった証拠。なにが分からないかが分かったということだから」

と、まるで禅問答である。

分かるということは、何が分かって何が分からないかが自覚できて初めて出てくる言葉。そして、「ここが、分からない」と聞いてくるのは、分かった部分もある、ということ。なにも分からなければ、質問すらできないという理屈である。

また、南部鉄瓶を作っている鋳物作りの職人前田友行さんが言っていた。

「現在のように、頭で考えてものを作っていちゃ、いいものはできないんだよな。いいものは頭なんかじゃわからない。身体で分かるんだよ。何個も何個も作っているうちに、いつしかこうするといいものができる、と身体が覚えるんだよ。例えば、北京オリンピックで話題になった砲丸投げの玉を作っている辻谷政久さん。彼が飛ぶ玉を作れるのは身体が覚えている勘のようなものが働いているから。まったく同じ金属配分をしても辻谷さんの作ったものの方が飛ぶって言うんだろ。それは辻谷さんの手や眼が覚えているんで、いくら頭で考えたって結果は出てこないよ。理屈じゃないんだから。宇宙ロケットに積み込む精密部品を研磨する作業にしても、手の感触のほうが正確に分かる、とよく言われているだろ。東京都大田区の零細企業で働く職人の手の感覚は、局面にできた〇・〇〇一の凹凸も分かると言うんだから、たいしたものだ」

この感覚を身につけるためには、頭で覚えた技術では無理だと言う。そして、おそらく大学を出た人でも、長年の修業の仕方によってはその感覚を身につけることは可能だろう、とも。

「ただし、無心でもの作りに徹することができるようになればな」

との但し書きがついた。

とかくわれわれは、さまざまな情報を駆使し、頭でものを考えることが正しい、と短絡的に思い過ぎているのかもしれない。

言葉では教えられない

なぜ、仕事は言葉では伝えられないのだろうか。

もちろん、まったく伝えられないというのではない。言葉で伝えることには限界があるというのだ。おそらく言葉でも九十五パーセントぐらいは伝えられるだろう。この九十五という数字に根拠はない。ただ、百パーセントは伝えることはできないよ、ということである。「別に、九十五パーセント覚えてしまえばそれで十分じゃないか」ということはできる。しかし、九十五パーセントでは、師から弟子に自分の「技」を伝授したことにはならない。料理職人を例に考えてみると、比較的容易に理解できよう。料理の味付けは言葉では伝授できないからである。レシピ通りに調味料を加えても、師匠と同じ味つけにはならないもの。食材との組み合わせによっても味は変わってくるし、新鮮さの度合いによっても異なる。また、その日の体調によっても味は変わってくるものである。レシピで教えられるのは九十五％にも及んでいないだろう。また、よく言われるように味の好みは職業によっても異なる。同じ人間にとっても、力仕事を終えたときの料理には、塩加減を抑えた最近のレシピ通りの分量では物足りなさを感じるかもしれない。それほどに味覚とは感覚が重要なものである。それと同様に、職人にとっては触覚、視覚、臭覚、聴覚などの五感が重要な決め手になる。これらはマニュアルや知識では身につけることはできない。

能見（のみ）市で寺社彫刻に携わっている職人山田耕人が言っていた。

「昔は、職人に技能を求めていた。いまは技術があればいいとされている。技術を伝えるのなら、マニュアルがあれば充分だ。マニュアル通りに処理していけば、取り敢えずものはできてくる。しかし、技能を求められると、知識と経験と知恵とが正しく身についていなければならない。この一緒に仕事をして感覚として覚えていく経験と、その経験を活かしながらつぎの段階に至るためにどう知恵を絞るか、ということが職人の質を決定づける要素になる。ここまでを身につけるには、言葉だけではできない。どうしても、ものを見る眼であったり、手で知る感触であったり、ものがある段階で発する臭いを感知する臭覚であったりする。また、身体に見合った脚や腕の位置も関係してくる。同じものを見ていても位置が違うことで、見るべきものが見えないこともある。これは仕事場に一緒にいて、親方の仕事振りを見ながらでしか身につけていけないものである」

などと。このマニュアルが文字＝言葉であり、技術である。一般に、技術と技能がこうも内容を異にする概念だと意識することはなかろう。そして、職人の世界にあって、「おおよその仕事ができればいいじゃないか」ということが許されない、ということも。

この言葉から、親方の仕事振りに真剣な眼差しを注いでいる弟子の姿と、そんな弟子の存在を充分に意識しながらも、そんな素振りを一顧だに見せることなく平然と作業をこなしていく親方の姿とが重なって見えてくる。

と同時に、職人の仕事を言葉で説明することには限界がある。ある内容を言葉に置き換えるとどうしても嘘が混じってしまうというのである。また、言葉で説明するのは面倒だ、ということもある。言葉を使うことを専門としている人たちではないのである。もちろん、厳密に伝えるためには、ということである。例えば、先ほどの宇宙ロケットに使われている精密部品の研磨の度合いを伝えるには、いくら言葉で、「この部分に〇・〇一ミリぐらいの凹凸がある」と説明してもわからないだろう。やはり実際に手で触ってもらったほうがわかりやすい。しかも、触るほうの手もそれを感じる程に研ぎ澄まされていなくてはならない。この違いの分かる手があって、はじめて両者の会話は成り立つ。また、その域にまで到達せずして職人技とは言えないのである。

まずは真似ることから

そんな技術を身につけるための出発点は、親方の仕事を真似ることであり、物真似することによって親方と同じ仕事ができるようになれるように努力することである。これが弟子入りした職人としての基本である。

言い古された言葉ではあるが、「学ぶは、真似ぶこと」が仕事を覚えていくための基本であり、この段階で覚えたことがすべての土台となる。

親方の、脚の構え、腰の位置、手の動かし方、眼の配り方、道具の扱い方などと、作業の仕方全般にわたる一挙手一投足を見ながら真似ることが修業の第一歩となる。そのためには全人格的に親方に惚れ、親方の長所も短所も、すべてを自分の身につけようと修業するくらいでなければ本物の真似とは言えない。よく、仕事をしている弟子の姿を見て、「親方にそっくりになってきたな」という会話を聞くのは、「一人前の職人になってきたなぁ」と同義である。それは心から親方の仕事を学ぼうとした者が獲得できるものである。心のどこかに親方に疑いや不信感をもっているとそっくりにはなってこないと聞く。

その意味では、親方を選ぶということは非常に大きな意味をもつ。そして、誤って親方を選んだ者は不幸である。それは不遜の弟子をもってしまった親方にも言えること。

なにか宗教的な世界に通じるものを感じるが、師が弟子に自分の教え（技）を伝授するということには、全人格的に相手と対処するという大きなエネルギーを必要とするのであろう。

また、真似るといっても、一度になんでもかんでも真似することは避けなければならない。覚えなければならないことはたくさんある。右も左も分からない新弟子にとっては、混乱の極みに至ることもあろう。そして、焦る。「こんな初歩的なことばかりやっていたのではいつまで経っても一人前になれないのではないか」などという不安はだれしもが抱くもの。まして、早く覚えることが優秀であることの証明であるかのように思われがちな世の中である。決してそんなことが優秀さの証明ではないのに。情報も含め、ものが豊富になることによって、人びとはすぐに結論を求める傾向が強くなってきたのではなかろうか。

しかし、焦る気持ちのなかで、あれにもこれにもと手を出してしまうと、結局、なにも身につかないままの日々を送ることになってしまう。そして、仕事を覚えもせずに去っていく者も出てくる。また、残ったにせよ、一応はなんでもこなせるが、中途半端にしか仕事のできない者になってしまう。

やはり「急がば回れ」、基本からしっかり修業することに大本がある。

よく言われることに、「まず三年間は、言われたことをしっかりと覚えていけばいい。そうすると自ずと仕事は覚えられるようになってくるから」ということがある。これは、サラリーマンの世界でも同じこと。新入社員には、まず社内研修をし、その後各部署に割り振って育てていく。何カ所かの職場を経験させて、その人間の適正部門を探し当てていく。この間にやはり三年から五年は要すると言う。この段階で一人前になったというのではない。仕事ができる状態にまで至ったということである。これが会社における先行投資である。おそらくこのシステムが、日本人にもっとも適した新人教育の方法なのであろう。

新弟子は、親方や兄弟子の手伝いをしながら、見様見真似で仕事を覚えていく。そして、一通りは仕事ができるようになっていく。しかし、職人としてはまだ半人前にもなっていない。

人間というものは不思議なもので、一つのことに通じてくるとほかのことも分かってくるということがある。応用力がついてくるのである。

仕事は盗むもの

かといって、こうした仕事を親方が手取り足取りして教えてくれるものでないことは、すでに説明した通りである。だれも教えてくれないから、他人の仕事を見て、そのやり方を盗んでいくしかない。

しかし、なにをどう盗めばいいのか。

「仕事は、自分が覚えようという気にならなければ覚えられない」という鉄則がある。なにも分からないズブの素人に、仕事の一から十までを懇切丁寧に説明しても、教えられたほうはなにを説明されているのかが分からない。まさに、なにごとも興味をもって初めて覚えられるもの。

また、仕事を覚えることは、順序を追って学ぶことでもない。親方や兄弟子の仕事を真似ることしかない。だから、あるとき突然、親方から「おい、お前、その仕事を手伝ってやれ」と言われれば、弟子は仕事を手伝いながら、兄弟子の仕事のやり方を見て、真似て、覚えていけばよいのである。おそらくその仕事が、その弟子にとっては、その段階においてのいちばん適している仕事なのだ。

ちなみに、先の山田さんは、木彫りをするときに最も大切な作業は最初に鑿を入れる「粗彫り」だと言う。だからこの作業は絶対他人に任せることはできないのだ、とも。これに反して、仕上げ作業はほぼ全体ができ上がっているから他人に任せることも可能だ、と。このことは、弟子でいる限り、最後の最後になっても最初の作業である「粗彫り」をする経験はできないかもしれない、ということを意味している。そして山田さん自身が、粗彫りは一人のときに行ない、弟子や他人に粗彫りの過程を見られるのをできる限り避けると言う。したがって、弟子が教えてもらえるのはつぎの段階から。弟子としての修業は、決して作業の順番通りには進んでいかないのである。

「手伝え」と言われたときに、与えられた仕事に興味をもって携われる者は、おそらくその後も順調に仕事を続けていけるであろう。興味ももてずに、ただ兄弟子に言われるがままに手伝っている者は、仕事を覚えるのも遅くなる。しかし、この出発点で仕事に興味をもてたかもてなかったかは、それほどのちの仕事に影響はしない。できるだけ早い時点で、仕事に対する自分なりの興味がもてたほうがその時どきの成長は早いというぐらいである。

一見矛盾するようだが、職人は多少鈍感なくらいがいい、とも言われる。何事にも興味を抱いて仕事に励む者は、覚えは早いが、それが実際に身についているかどうかが疑わしくなるときがある。多少のろまな感じで、じっくりと仕事に向かっている者のほうが、そのときの作業こそ時間がかかるが、自分のものとしてしっかりと身につけていることが多いものだ、とも。

だから、習いたての仕事の早い遅いは、長い目で見ると関係ない。ものごとにはすぐに反応する者と、なかなか反応できない者がいるが、一生の仕事とすることを考えると、そんなことでそう焦ることはない。腰を据えて、じっくり構えるのがよいと言うのだ。

また、親方によっては、最初は少し覚えの悪い人間のほうが職人としては大成するものだとも言う。却って、短期間に仕事を習熟できる人間は、自己を過信しすぎる嫌いがあり、仕事は簡単にできるものとなめてかかり、仕事に飽きて辞めてしまう者もいる、とも。

しかし、親方や兄弟子の仕事振りを見、その通りに真似をし、それを吸収しようとするには、仕事に興味をもっていたほうがより積極的になれるとは言えよう。そして、仕事に興味をもち、より積極的に振舞えることによって、親方や兄弟子の仕事を見て、なにをするためにどんな作業をしているかが分かってくるのである。

そのとき、初めて他人の仕事を盗めるようになる。

「仕事を盗むにも技量がいる。なにも分からないでいて、他人から技を盗むなんてできっこない。

第一、なにをどう盗んだらいいのかも分からないだろ。仕事を盗めるようになるには、こちらにもそれを盗んで自分のものにできるだけの技量が必要っていうもんだ。とにかく、初めは真似ることからやるしかない」

確かに、他人の仕事を見て感心するには、感心できる自分がいるということ。その感心している自分がそれを身につけたいと思うから、なにをどのように行なっているかに興味をもち、それを盗み取れるのである。また、だからこそ一目見ただけで自分のものにできるのである。同じ仕事場にいるのであれば、何度も盗み見て自分の頭に叩き込めばいいのである。

親方によっては、そんな段階にくると決まって用事を作って弟子を外に出し、仕事を盗まれないようにしてから、その間にその作業を済ませてしまう人もいる、と聞く。その職人は、「そんなときには作業の形跡からそのやり方を想像した」と言う。弟子がここまで成長してくると、親方にとっては一人の競争相手になるのであろう。

こんなふうになってようやく「一人前の職人」として認められるのである。新弟子として入門してから、かれこれ十年ぐらいになんなんとしているというのがおおよその見当である。

やはり、人間が一つの事を始めて一人前になるには十年は必要ということである。その後も十年を一つの周期として、仕事のやり方に変化が訪れるとも言われる。

年齢的にも二十代後半。いまなら三十代にかかっているころか。人間としてもっとも心身が充実するころであり、無理のきく年頃でもある。

知るとは不自由になること

ものごとを知るということは自らを束縛や制約のなかに自分を押し込めることを意味する。多くのことを知っていくことによって、ものごとを進めていくに当っての約束事も知ることになる。ものを作るにはそれぞれの約束事があって、その決まりをきちんと守らなければならないということである。実際には、約束事通りの手順を踏んで作業を行なったほうがいいのであるが、まだもの知らぬ者にとってはそれが足枷（あしかせ）のように思えてしまうのである。

例えば、木彫の場合には木の裏表を無視することはできないし、木先と根元を考えずに作業することはできない。漆製品の場合、鉋やヤスリで木材を研ぐにしても、番号を追って徐々に細かいヤスリに進んでいかないと、漆を塗る段階で不都合が生じてしまう。料理人が庖丁を砥ぐには、庖丁の状態に見合った砥石が必要になるし、砥ぐときの角度にも制約がある。鋳物師が熔けた合金を鋳型に流し込むのに、勝手に温度を変えることはできないし、収縮することを考慮しておかなければならない。指物師がホゾを収めるには形があって、それを無視して作業することは許されない。これらのことはほんの序の口で、技を深めていくに応じて多くの約束事を知ることになる。

正しく手順を踏むことが、結果的には事を円滑に運ぶ手立てになっているとはいえ、不自由さは感じる。面倒臭さかもしれない。少しでも早く製品にしたいと逸る気持ちは、順を追う作業にまどろっこしさを覚える。しかし、勝手な手順で進めてしまうと、あとで必ず不都合が生じてしまうものだ、と言われる。これが長年培ってきた仕事の手順である。

ある欄間職人が教えてくれた。

「本座敷と次の間との間に納まる欄間は、昔は次の間から見ることを前提として彫られた。だから、木表は次の間のほうにあり、彫りも次の間のほうが表だった。彫師は表側に銘を入れるから見ればすぐに分かる。それが時代とともに、本座敷側から見るようになった。そのどちら側から見るにしても守らなければならないのは、木先は必ず庭のほうに向いていること。木は彫ったあとも生きているのだから……」

と。ちなみに、「洋間に欄間を入れるときは、リビング側が表だ」とも。

この束縛や制約に自らを置くことによって、自らの力を矯めると同時に、仕事に対する情が生まれてくる。ものに対する愛情が生まれてくる。敢えて制約のなかに身を置くことによって心身をより強靭なものにする作用があるのである。

そして、この制約のなかでものを作るということが、均一で品質の優れた品物を生み出すコツでもある。

職人がもっとも嫌う一言がある。

それは、「手を抜く」という言葉。

いい加減な仕事をする人間であることを示す。与えられている手順をきちんと踏まずに、ある部分の作業を省略、あるいは雑に仕事をすることである。

したがって、「あいつは、よく手を抜くからなぁ」と言われることは、職人としては失格の烙印を押されたことに等しい。そして、一度押された烙印はなかなか拭えない。その汚名を晴らすには非常な努力と年月を要する。仕事の手を抜くことは、職人にとっては致命傷に結びつくのである。だからこそ、束縛や制約を克服してもの作りに励むのであり、その克己心があるからこそいい仕事として評価されるのである。

ものごとを知ることによってその行動は不自由になる。さまざまな束縛や制約に縛られていくからである。しかし、その束縛や制約を克服することを通じて職人は自分の技に磨きをかけ、より良い製品を作り出していくのである。それが一人前の職人として認められるための約束事なのかもしれない。

一人前の仕事とは

「仕事の段取りができて初めて一人前だ」とはよく聞く言葉である。

段取りとは、仕事の手順のことで、仕事の流れを把握して、作業に応じた仕事の割り振りをすること。「段取りが決まれば、仕事は八分終わったも同然」ともよく言われる。それほどに仕事の手順を滞りなく組むということは難しい。作業に伴うさまざまな障害をあらかじめ予測して、仕事の割り振りをしなければならないのである。

一人で作業をしている分には、作業能率が落ちるだけですむ。遅れた分は夜なべ仕事や徹夜をしてでも期限に間に合わせることはできる。

集団で行なう作業となると、段取りを組むことは難しい。

職種によって違いはあるが、図面の作成にはじまって、材料の吟味、手配、人員の確保、加工作業の割り振り、仕上げ、納品に至るまでの過程である。この全過程を把握したうえで、作業内容を考え、作業日程を決め、人員を割り振るのである。各人の力量に応じて仕事量も計算しなければならない。仕事の日数が増えるとその分賃金も嵩んでしまう。そして、一旦作業がはじまると、段取り通りに作業は進められていく。よほどのことがない限り、途中で変更することはできない。

しかし、全てが順調に進むわけではない。突発的な事故、材料入荷の遅れなどで、余儀ない計画の変更を迫られることもある。そんなときにも臨機応変に対処できるだけの力量が求められる。新たな段取りの作成である。

集団作業の段取りを組むのは、結構きつい作業である。

この難しい作業を任され、こなせるようになったからこそ、「一人前の職人」と言われるのである。一人前の職人として周りから認められるころは、ちょうど身体も充実している歳廻りに当る。もちろん人によって異なるが、大まかに考えると二十代後半から三十代がこの時期に当るであろうか。仕事に習熟してくることによって、仕事がおもしろくなり、まさに「脂の乗った」状態で仕事に励むことができる。自分の思ったように道具も扱えるようになり、こなせる仕事の量も増えてくる。身体にも自信があり、溢れ出る力に任せて仕事をすることもできる。この段階になると、「仕事をしているときにはなにも考えていない」と言う。身体が勝手に動いているのであって、敢えて考えていることは、と問われると「つぎの手順ぐらい」だと言う。

ある陶工は、

「轆轤を挽いているときに、考えながらなんども手直ししているようじゃ、生きた線が出てこない。なにも考える必要はない。手だけが動いていればいい。形は手が覚えているもの。無心で作るから、生きた線が生み出されてくる。手が形を覚えているくらいでないと、とても一人前とは言えない」と。

「極端な話、新しい作品を作ろうとするとき、はじめの三百個、五百個は全部ダメ。でも、五百一個目からは全部いいものになる。手が形を覚えたから。とにかく身体が覚えてしまうまでは、何個も何個も作り続けるしかない」

それが五百一個目からできる人もあれば、千個かかる人もあろう。二千個の人もいるかもしれない。しかしそんなことはどうでもいい。時間が解決してくれるのだから。問題は、どうすれば無心でものを作れるようになれるかということ。この話は、身体でものを作ることの大切さと同時に、無心になって仕事をするためのコツをも教えてくれている。

道具へのこだわり

無心で仕事をするには、身体の動きに違和感があってはならない。光の入ってくる方向、ものに向き合う作業台の高低、道具の置かれている位置などに細心の神経を使う。とくに、道具の使い勝手の良し悪しは作業に決定的な影響を与える。道具は身体と一体になってこそ道具としての役割を果たすことができるのである。

大工職人が大中小さまざまな鉋を仕事場に並べているのも、鉋をかける場所にもっとも適した大きさの、あるいは角度の鉋が仕事をし易くするからである。だから、基準はつねに仕事をし易い道具を揃えることにある。

それぞれの仕事に応じた道具があることによって、心地よく仕事に励むことができる。だからこそ、より自分に適した道具を持つことにはこだわる。その挙句、道具も自分で作るということになる。

現在では、道具そのものは店に行けば売っている。店にはさまざまな大きさの道具が並んでいる。恐らく素人が使うにはそれらの道具で充分であろう。しかし、職人の場合は、手にしっくりとくる道具、ちょっとでも違和感のない道具を使いたいもの。違和感があるとそのことが気になって手許がおろそかになるという。手の大きさは人によって異なるし、道具の持ち方も人によって違う。使う場所によっては道具の大きさも変えたほうが作業がはかどる。他人が作った道具ではどうしても手になじまない部分がある。だから、自分で使う道具は、自分の身体に合わせ、使い勝手が良いように自分で作るしかない、ということに落ち着く。

確かに、道具まで作るのは時間がかかって、一見、無駄なように思われる。しかし、道具は一生使うものである。一度手になじんだ道具を作ってしまえば何度も使えるし、仕事のはかがいくのである。なによりも手順よく仕事ができることを重んずるのが職人である。身体に見合った道具を使うことによって無心で仕事をすることができるのである。

その結果、仕事場には数多くの手作りの道具類が並ぶことになる。

そして、この道具の数は一定量になるとそこで留まるかというと、そんなことはない。職人の身体はつねに変化していくからである。三十代に作った道具を六十歳、七十歳になっても使えるかというとそうではない。やはり、身体の変化に応じた道具が使いよいのである。したがって、職人はつねに道具を作り続けることになる。それほどに道具に対するこだわりは強い。

地についた知識で仕事に工夫を

壮年だった職人も、やがて歳を取る。道具は身体の変化に応じて作り変えることができるが、身体の衰えは道具だけでは補えない。若いころには力に任せて仕事ができたが、歳とともに身体に無理が効かなくなってくる。しかし、力で仕事ができなくなるころには、力に頼らなくても仕事ができるような技を身につけている。仕事のコツを身につけ、楽な姿勢で仕事ができ、それほど力むことなく自然体で仕事ができるようになっている。傍から見ていると、まったく無駄な動きがなく、力を入れているようにも思われない。しかし、仕事は確実に進んでいるのである。

いわゆる円熟した仕事振りとでも言える姿であろう。

より効率的な仕事をするための工夫は、身体のこなし方だけにあるのではない。道具の作り方に工夫することもある。機械を導入することも工夫の一つである。

漆職人が漆を固めるために入れる「風呂」への工夫などはその例である。漆を塗り終えた器は固めるために風呂に入れる（漆はある一定の温度と湿度を得て固まる性質をもっているのだから、乾燥させるのではなく、「固める」と言うのが正しいとある漆職人は教えてくれた）。しかし、まだ固まっていない漆は、しだいに垂れてくる。そのため、かつては垂れ具合を見計らいながら手で器を返していた。それを、機械を導入して、一定時間が経つと回転するようにして、漆が垂れてくるのを防ぐようにした。と同時に、回転しても器が落ちないようにゴムの吸引盤で押さえることを考案したなどである。もちろん温度や湿度も自動的に調整できるようになっている。これらの工夫によって器を手で返す手間が省けるようになり、その間、ほかの仕事に専心できるようになったのである。

手仕事が中心とはいえ、利用できるものは利用する。機械化に逆らうことはない。機械を利用できるところは積極的に取り入れる。要は優れた製品を作り出せばいいのである。

また、職人は仕事を工夫するためにいろいろなことに関心をもつためか、実にさまざまな知識を身につけてくる。

大工が、木や建物に関するさまざまな知識をもっているのはある意味当然だが、建材の一つである石や道具として使う刃物に関する知識も豊富である。建物の歴史を通じて、建物だけでなく歴史一般にも造詣の深い人が多い。また、木や石の種類に応じた最適な用途を知っているだけでなく、木の状態や年輪を見ることでどの地方でどの方角に生えていた木かをほぼ確定することができる。そして、建物では、その状態を活かした箇所に木や石を配置する。

天候の変化や河川と動植物の関係など自然についても詳しい。この自然に関する知識量の豊富さは、職人としての仕事柄詳しいのでなく、かつての人びとがごく普通のこととして身につけていた自然現象に関する知識を、普段の生活を通して、感覚として先人から引き継いできたものかもしれない。

朝、仕事に就く前に、「今日は午後から雨だから、早く外の仕事を終えてしまおう」とか、これから建てる柱を見て、「この木は北向きに育ってきた木だから、この位置に、この向きで据えろ」とか、刃物を使う時に、「お前が持っている刃物は、焼きが甘いから、よく切れるからといって硬い木は削るなよ。折れるかもしれないから」などという生きた知識が普段の言葉に出てくる。これらの知識も仕事を通して、自然に身につけてきたものだろう。

それは、仕事をする上での人間関係のあり方にまで及ぶ。いかにうまく人との関係を築いていくかという、ある種の処世術である。

例えば、大工という仕事は一人ではできない。多くの人との共同作業になる。気の合わない人との共同作業は、かえって仕事の進行を遅らせかねない。仕事の質を落としかねない。したがって、他人と仕事で付き合うためには、人を見る眼の確かさも要求されるのである。

ある宮大工の、「木を組むより人を組め」という一言は、自らの体験が口を通じて出た箴言である。その心は、木は正直だが人間はそうではない。棟梁の前ではいい顔しているが、見てないところではどう働いているかは分からない。見てないところで、手を抜かれていたりしたら、仕上がりに歪みが生じる。建物全体に違和感が出てしまう。かと言って、仕上がった建物をもう一度建て直すわけにはいかない。もう後の祭りなのである。そして、棟梁の信用は失われることになってしまう。だから、人は適材適所、信用のできる者と組めということである。

これらの知識は、必要に迫られながら得たものなので無駄がないだけでなく、浮つきがなく、知識が一人歩きすることはない。

素材（自然）が教えてくれる

さらに歳をとってくるとしだいに体力が衰えてくる。力任せの仕事に無理が生じてくるのである。しかし、その頃には、自由に動かせなくなってきた自分の身体の状態に応じて、身体を無理に使うことなく作業ができるコツを身につけてくる。素材に応じた身の処し方を身につけてくるからである。そのためには、素材を熟知している必要がある。素材の性質を知っていることによって、体力に頼らずして仕事ができるのである。この、無理をしないように仕事をする、というのは達人の域であろう。そして、こんな言葉を口にするようになる。

「自分がなにも考えなくても、木のほうから、ここから切って、ここからノミを入れるといいと教えてくれる。自分はただ木の教えてくれるままに道具を添えているだけだ」

陶工も同じようなことを口にする。

「粘土を盛って轆轤の前に座ると、土のほうから立ち上がってきてくれるので、ただ土を押さえているだけ。それが、いつの間にか形になっている」

自己を主張することもなく、素材の美しさ、素晴らしさをそのまま活かし切ることを念頭において作っている。

このようにして作られた製品には気負いのない、素直な形のものが多い。形成される線もやさしい。形としての派手さはないものの、歳経た者にして初めて作れるものである。そして、他人からは、「枯れてきましたね」などと言われるようになる。

また、侘びのある作品とも、さびのある作品とも言われる。

こうして作られた作品を、時に人は「名人芸」と称する。

職人の修業は「職人道」に至る

このように職人の世界をみてくると、一般の職業に就くこととは比較にならないほど、仕事を獲得するために厳しい修業が伴うことに気がつく。また、仕事を身につけるとは、作業動作が身体に染み込んでいることを意味している。歳とともに作業のあり方に変化が生じ、体力に見合った作業の仕方があるのである。

そして、多くの人は気がつくであろう。

この世界観は、なにも狭義の職人だけのものではないということに。

能楽や日本舞踊、あるいは茶や生け花、果ては武士にも通じていることに。

そして、これらは身につけた技と心とが一体となったときに初めて、所作としての美しさを伴ったものになるということに。

いわゆる、身心を鍛えることによって身につく「道」と言われるものである。

この「道」は、日本人の芸能の基本とされ、さらには日本人の精神世界を形作ってきた重要なものとされてきた。

多くの日本人は、「日本人の精神の根本にあるものは武士道にある」と言う。しかし、日本人の精神のあり方を知るためには、すでに姿を消して久しい武士のあるべき姿（道）を思い起こすまでもなく、いまはまだ身近に存在している職人世界を思い起こして見れば理解できることなのである。

確かに、言葉としては「侍ニッポン」の武士道のほうが言葉としての通りは好いのかもしれない。しかし、サムライそのもののあり方をわれわれが気取るには、あまりにも遠く隔たったところに来てしまっている。否、隔たってしまったが故に、実態を離れた感傷の対象として受け入れやすいのかもしれない。

とは言え、江戸時代における武士の人口は、全体の七％前後である。日本人の多くは八十四％を占める農民だったのである。ちなみに商工業者は六％とされている。

武士道は、日本の精神的あり方を示す象徴の一つとすることはできようが、職人世界のあり方に置き換えたほうが、まだ、私たちにとっての身近なものとなろう。その精神を獲得するための道筋、つまり、修業の仕方においてはほとんど重なるからである。むしろ、戦の場における武士としての心得を伝授している宮本武蔵の『五輪書（ごりんしょ）』を引き合いに出すよりは、職人になるための修業のあり方のほうが、現代においてもはるかに現実味があろう。

また、テレビやゲームなどの疑似体験の世界で暮らすことの多くなっている現代の日本社会にあって、ものを学ぶという姿を伝えるためにも職人の世界観は有効であろう。

そして意外なことに、現代の子どもたちは職人という職業に、新たな目を向けている。

すでに還暦を大きく超えてしまった、戦後教育の落し子たちはすでに一線を退いて久しい。いまの時代を生きている子どもたちは、新たに職人に対する興味を示し始めているようである。祖父や父たちが築き上げてきた大量生産大量消費の手軽な模造品がはびこる時代にあって、確かな本物に出合いたいという欲求が芽生え始めているようである。

ちなみに、日本の小学生を対象としたある調査によると、「将来自分の就きたい職業」の上位に職人が上げられている。男子では「スポーツ選手」「研究者」「医師」「ゲームクリエイター」「エンジニア」に次いで、第六位が「大工・職人」となっている。女子では「教員」「保育士」「看護師」に次いで、第四位が「パティシエ・パン屋さん」である（「将来就きたい職業」二〇一九年三月の株式会社クラレでの調査）。ちなみに、同じ調査では、二〇一七年には「大工・職人」が第十位、「パティシエ・パン屋」は第六位となっていた。その興味が一時的なものか否かは今後の課題となるが、宮大工や陶工などといった元来の職人のイメージを超えて、食ブームを支えてきた日本料理の料理人やケーキ作り職人であるパティシエなどを志す子どもが増えているとも考えられよう。それはともかくとして、日本人の精神的土壌を培ってきた職人道に新たな光を注ぐことには意味があろう。

明治時代にアメリカやドイツに留学し、のちに国際連盟事務次長を務めた新渡戸稲造（にとべいなぞう）（一八六二

〜一九三三）が、日本人の道徳観を書き著した『武士道』（一九〇〇年に英文で刊行。日本語訳の出版は一九〇八年）で言っているように、

悲しいかな武士の徳！　悲しいかな武士の誇り！　鉦太鼓の響きをもって世に迎え入れられし道徳は、「将軍たち王たちの去る」とともに消え行かんとする運命にある。

武士の消え行く運命にあるまさにその時代に、新渡戸は『武士道』を書いた。子どもたちの職業観に見られる兆候とは別に、職人もいままさに絶えようとしているのであろうか。新渡戸は、武士道を通じて日本人の道徳観がどこに起因しているかを説いた。そして、仏教、神道、儒教に武士の掟は起因し、日常生活で守るべき道を意味するとした。そこでは知識の偏重を戒めている。「知識はこれを学ぶ者の心に同化せられ、その品性に現れる時にのみ、真に知識となる」とある。知と身心の一体である。これは、「禅」の影響が大きいことを示している。仏教全般の影響というよりは、自らの行動を律して修行する禅宗の僧のあり方に通じる。そして、武士の修業は、職人の修業のあり方にかなり共通する点があると言えよう。「職人道」としての修業のあり方にある。

よりよく生きるために技を磨く

しかし、武士道と職人道には、決定的に異なる点がある。それは、武士道が非日常を生きている武

士を対象に考えられた「道」なのに対し、職人道は日常を生きていくための意識のあり様を説いていることである。

「戦さ」という死に直面した生活にあって、武士が心がけたことは、明日をも知れぬ自分の生命を見つめつつ、悔いのない一日を送ることであった。身と心の一体であった。身心を鍛え、平常心をもって日々の生活を送ること、その時その刻を一所懸命に生きることが最善とされた。日々の精進が求められた。

かの『葉隠（はがくれ）』で有名な山本常朝（つねとも）（一六五九〜一七一九）の言葉、

「武士道とは死ぬことと見つけたり」

は、そんな非日常を生き抜く武士としての精進のあり方として、いつ死んでも悔いがないように生きるという姿勢を説いたものであろう。明日という日があると思うことなく、今日という日、今という時を精いっぱい生きる。そこに武士としての生き方があると説いたのである。なにも死ぬことが前提なのではない。戦で相手に立ち向かったとき、相手に勝てるだけの力量を身につけるべく、心も技も磨くのが武士としての生きる道なのである。しかし、武士は、常に死に直面していた。

しかし、職人の場合は違う。その生活が死に直面しているわけではない。職人は、武士と違って、明日をも知れぬ生命という切迫感などはない。日常のなかで生きている存在である。したがって、職人の精進は、今日という日をよりよく生きていくことが、明日に繋がる。今日培った技量は明日に繋がり、明日をよりよく生きることに結びつく。今日培った技術や知識は、必ず明日の糧となる。その技術や知識を活用することによって、よりよい明日を迎えることができる。今日の苦労が明日に活きてくるのである。

両者の置かれている状況は異なるものの、自分の力量を高めるべく、日々の精進が大切であることに違いはない。

このように、日々を真摯に生きるという同じ意識であっても、置かれている立場の違いによって大きく異なってしまう。しかし、非日常を生きるという姿は、もはや一般的ではない。まして、戦を前提にした生き方は考えたくもない。

ところで、このように身と心を一体化して生きるという意識は、どこから生まれたのであろうか。そして、人が技（芸や心）を身につけるためには、どのような修業のあり方が求められてきたのであろうか。その具体的な例を、日本の古典に溯って考えていきたい。

その古典としてまず挙げられるべきは、能を大成した世阿弥が修業のあるべき姿を書き著した『風姿花伝』であろう。ここには、技を身につけるためにはどのような修業が必要なのかが解き明かされているからである。そして、その考え方こそが、職人が技を身につけていく過程にも重なっていると思われる。

今、この世にある生命をよりよく生きていくためには、日々をどのように生きていくことが大切なのかを知るべく、世阿弥の芸道論（修業論）に目を向けよう。

第三章　世阿弥の芸道

能の存亡の危機を感じて『風姿花伝』を書く

日本における芸道論の代表的なものとして、だれしもが認めるのは能の体系を築いた能楽師・世阿弥（一三六三〜一四四三）の『風姿花伝』（単に、『花伝書』とも）であろう。『風姿花伝』は、父観阿弥の遺訓に世阿弥自身の体験を交えて書かれた能楽の伝書である。全部で七編あり、応永七（一四〇〇）年に書き始められたとされている。

世阿弥は『風姿花伝』を書いた理由を、第五「奥儀伝」の冒頭で述べている。その大要はつぎの通りである。

そもそも『風姿花伝』の条々、おほかた外見のはばかり、子孫の庭訓のため注すといへども、ただ望むところの本意とは、当世、この道のともがらを見るに、芸のたしなみはおろそかにて、非道のみ行じ、たまたま当芸に至る時も、ただ一夕の戯笑・一旦の名利に染みて、源を忘れて流れを失ふこと、道すでにすたれたる時節かと、これを嘆くのみなり。しかれば道をたしなみ、芸を重んずるところ、私なくば、などかその徳を得ざらん。

ことさらこの芸、その風を継ぐをいへども、自力より出づるふるまひあれば、語にも及びがたし。その風を得て、心より心に伝ふる花なれば、『風姿花伝』と名づく。

そもそも『風姿花伝』に書くべき事柄は、部外者の眼には触れないように、子孫のために書き記すものである。現在の能役者たちを見ていると、芸の修業をおろそかにして、本業とは離れたことばかりを行なっている。また、たまに能楽に携わる者がいるにしても、一時のはかない名声・利得に満足してように思えてならない。これでは能楽の基本は忘れ去られ、能楽の道が廃れてしまうのでは、といまの状況を嘆くからである。しかし、能楽の道を深く修業し、芸を大切に私心なく修行に励めれば、必ずや芸道の名利を得るであろうというのが私の真意である。

とくに能にあっては、その芸風を継ぐといっても、自分で工夫しながら体得する技もあるので、言葉では伝承し切れないものがある。師より伝授された芸風を基に、自分でも工夫して会得した花を、心から心に伝えるためには、以心伝心で伝えるしかないということから『風姿花伝』と名づける。

この一文から世阿弥もまた、能の存亡危機を案じている様子が窺い知れる。能楽道が本来進むべき道から外れてしまっている現状を嘆き、このままでは能楽の道が廃れてしまうことに危機意識をもち、その正しくあるべく道の存続を願ってこの一書を書き記した、と言っているのである。そして、正しい修業を積むためには、年齢に応じた時々の稽古の仕方があるとして、第一「年来稽古条々」から書き起こすのである。

年齢に応じた稽古の大切さ

世阿弥は年齢に応じた稽古のあり方として、七歳、十二・三歳、十七・八歳、二十四・五歳、三十四・五歳、四十四・五歳、五十有余歳、と身体の成長、衰えに応じて七つの段階に分けて説明している。各項を紹介していく。

まず第一に、七歳の子に対する接し方である。

七歳

一、この芸において、おほかた、七歳をもてはじめとす。このころの能の稽古、必ず、その者、自然と為出すことに、得たる風体あるべし。舞・はたらきの間、音曲、もしは怒れることなどにてもあれ、ふと為出さんかかりを、うち任せて、心のままにせさすべし。さのみに、よき、あしきとは教ふべからず。あまりにいたく諌むれば、童は気を失ひて、能、ものくさくなりたちぬれば、やがて能は止まるなり。

ただ音曲・はたらき・舞などならではせさすべからず。さのみの物真似は、たとひすべくとも、教ふまじきなり。

大場などの脇の申楽には立つべからず。三番・四番の、時分のよからんずるに、得たらん風体をせさすべし。

世阿弥は、能の稽古は七歳ごろから始め、なにを教えるのではなく自然のままにその場の雰囲気に馴染ませるのがよい。ことにあまり手の込んだ物真似などをさせるのは避けるべきだと説いている。

七歳の子に、手をとり足を取って稽古をさせるのではなく、能という世界の雰囲気に慣れさせ、身体で能のことを身につけていくことが大切だとする。そして、能に興味が涌いてくれば、その子は自ずと稽古の真似事をはじめるようになるもの。しかし、稽古をするようになったからといって難しいこと教えてはいけない。おそらくこの段階で子どもは、能の雰囲気のなかに置かれていることによって、能に対する理屈ではなく、能に対する感覚を養っているのであろう。この感覚（＝センス）を身につけるということがのちのち、能を続けていくうえで大きな意味をもってくるのである。芸を覚えさせることに焦ってはいけない。

そして、十二・三歳への稽古のつけ方である。

十二・三歳

この年のころよりは、はや、やうやう声も調子にかかり、能も心づくころなれば、次第次第に物数をも教ふべし。

まづ童形なれば、何としたるも幽玄なり。声も立つころなり。二つのたよりあれば、わろきことは隠れ、よきことはいよいよ花めけれり。

おほかた、児の申楽に、さのみに細かなる物まねなどせさすべからず。当座も似合はず、能も上がらぬ相なり。ただし堪能になりぬれば、何としたるもよかるべし。児といひ、声といひ、しかも上手ならば、何かわろかるべき。

さりながらこの花は、まことの花にはあらず。ただ時分の花なり。さればこの時分の稽古、すべてすべてやすきなり。さるほどに一語の能の定めにはなるまじきなり。

このころの稽古、やすきところを花に当てて、わざをば大事にすべし。はたらきをもたしやかに、音曲をも文字にさはさはと当たり、舞をも手を定めて、大事にして稽古すべし。

十二・三歳のころから少しずついろいろな舞や音曲、物真似などを教えるようにすべきであろう。しかし、むやみに細かい動きまでは教えずに、控えめに接するほうがいい。また、この歳ごろになると、時に素晴らしい芸を見せることがあるが、それは本当に身についた素晴らしい芸ではない。その時にたまたま表現できた一時的な素晴らしさである。だから、そんなことに甘んずることなく休むことなく稽古を続けさせることが大切だ、というのが要点である。

幼い子にはあまり細かいことにまで口出ししないほうがいい。大まかであってもさまざまなことを教えていくことのほうに力点をおくべきであろう。また、幼くして時に素晴らしい芸を発揮する子はいる。「天童」などと世間からもてはやされる子もいる。いわゆる、ビギナーズ・フロックの素晴らしい芸にしても、才能あふれる天童にしても、その評価に甘えて稽古を疎んずれば、たちまちただの人になってしまうということを、世阿弥は危惧とともに説いているのである。

そして、能を続けていくか否かの一つの転機になるのが、つぎの十七・八歳だという。

十七・八歳

このころは、またあまりの大事にて、稽古多からず。

まづ声変はりぬれば、第一の花、失せたり。体も腰高になれば、かかり失せて、過ぎしころの、声も盛りに、花やかに、やすかりし時分の移りに、手だてはたと変わりぬれば、気を失ふ。結局見物衆も、をかしげなるけしき見えぬれば、恥づかしさと申し、かれこれ、ここにて退屈するなり。

このころの稽古には、ただ指をさして人に笑はるるとも、それをば顧みず、内にては、声の届かんずる調子にて、宵・暁の声をつかひ、心中には願力を起こして、一語の境ここなりと、生涯にかけて能を捨てぬよりほかは、稽古あるべからず。ここにて捨つれば、そのまま能は止まるべし。

総じて調子は声によるといへども、黄鐘・盤捗をもて用ふべし。調子にさのみかかれば、身なりに癖出で来るものなり。また声も、年寄りて損ずる相なり。

十七・八歳は、声変わり、身体の成長期など、年齢的に難しい時期なので稽古の方法も限られている。声変わりや身体が急に大きくなったりして、いままでとは勝手が違ってくるので、時に失敗して観客に笑われたりもし、精神的にも萎縮し、やる気をなくしてしまうことも多い。したがって、この時期をなんとか乗り切る努力をすることが、その人の芸道人生における浮沈の分かれ目になる、としている。

現代はもっとその時期が早まっているとも思えるが、いわゆる思春期を迎えた子どもの扱いの難しさを言っているのである。急に身長が伸びることによっていままでの動きのままでは動作の処理が上手くいかなくなったり、声変わりに伴っていままで出せた声が出せなくなったり、という身体的な変化にいかに対応していくかが大きな問題になるというのである。話が飛躍するが、女子のフィギュアスケートではよく耳にすることである。ジュニア時代には難なく跳べたジャンプが、シニアになるころには身体が成長し、いままでは楽に跳べたジャンプができなくなるというような例である。ジャンプをするときのタイミング、着氷した後の位置が微妙に変化することによって失敗してしまうそうである。要するに、身体が成長することによって、身体感覚にずれが生じてしまうのである。このずれを修正することは想像以上に難しいことだという。

この肉体の変化が多くの失敗を招き、精神的ダメージを大きくし、挙句に能を続けていくことに嫌気をさしてしまう。だから、この時期をいかに上手に乗り切るかが大きな課題になるというのである。

この時期を乗り切ってさえしまえば、あとは肉体的にも精神的にも充実した時期に入る。二十四・五歳は、能にとってもっとも稽古に精進できる時期である。

二十四・五歳

このころ、一期の芸能の定まるはじめなり。さるほどに稽古の境なり。声もすでに直り、体も定まる時分なり。これ二つは、この時分に定まるるなり。年盛りに向かふ芸能の生ずるところなり。

さるほどによそ目にも、すは、上手出できたりとて、人も目に立つるなり。もと、名人などなれども、当座の花に珍しくして、立合勝負にも一旦勝つ時は、人も思ひ上げ、主も上手と思ひしむるなり。これ、かへすがへす主のため仇なり。これっもまことの花にはあらず。年の盛りと、見る人の一旦の心の、珍しき花なり。まことの目利きは見分くべし。

このころの花こそ初心と申すころなるを、窮めたるやうに主の思ひて、はや申楽に側みたる輪説とし、至りたる風体をすること、あさましきことなり。たとひ人も褒め、名人などに勝とも、これは一旦、珍しき花なりと思ひ悟りて、いよいよ物まねをも直ぐに為定め、なほ得たらん人に事を細かに問ひて、稽古をいや増しにすべし。されば時分の花をまことの花と知る心が、真実の花になほ遠ざかる心なり。ただ人ごとに、この時分の花に迷ひて、やがて花の失するをも知らず、初心と申すは、このころのことなり。

一、公案して思ふべし。わが位のほどをよくよく心得ぬれば、そのほどの花は、一期失せず。位より上の上手と思へば、もとありつる位の花も失するなり。よくよく心得べし。

二十四・五歳のころは、能にとってもっとも大切な声と身体つきが落ち着き、その人の生涯の芸の方向性が確立される時期である。したがって、この時期にどのような稽古をするかが将来をも決定づけることにもなる。また、時に素晴らしい芸を見せることがあるが、これもやはり一時的なものでしかない。そんなことは目利きならばすぐに見抜いてしまう。時に名人芸のような芸ができたからといって、図に乗っているとすぐに芸が衰えてしまう。この時期にこそ、初心を忘れることなく稽古を続けることが大切だ。自分の芸に工夫を凝らしながら稽古を積むことによって、芸位は上がっていく。

声も落ち着き、身体もでき上がったこの時期になってはじめて、脇目も振らずに日々の稽古を続けなければならないという。これまでに獲得してきた能に対する感覚(センス)や基礎的な事柄が、この激しい稽古のなかではじめて結実していくというのである。体力がいちばん漲っているこの時期に、ある意味、徹底的に身体を苛め抜くということは、おそらくスポーツをはじめどの世界にも共通していることであろう。

また、時に素晴らしい演技ができ、周りの評判を得たからといって天狗になってはいけないとも指摘する。それは本物の演技力ではないからである。たまたま上手く演じることができたに過ぎないのであるから、周りの評価を気にすることなく、いままで同様に弛むことなく稽古に励むことが肝心である。そのことによって芸はますます上達するというのである。

そして、この時期に徹底的に鍛え上げた肉体が、つぎの時期に初めて実を結ぶのである。

三十四・五歳

このころの能、盛りの窮めなり。ここにて、この条々を窮め悟りて、堪能になれば、さだめて天下に許され、名望を得べし。もしこの時分に、天下の許されも不足に、名望も思ふほどなくは、いかなる上手なりとも、いまだまことの花を窮めぬ為手と知るべし。もし窮めずは、四十より能は下がるべし。それ、後の証拠なるべし。

さるほどに、上がるは三十四・五までのころ、下がるは四十以来なり。かへすがへす、このころ天下の許されを得ずは、能を窮めたりとは思ふべからず。

ここにてなほ慎むべし。このころは、過ぎしかたをも覚え、また行くさきの手だてをも悟る時分なり。このころ窮めずは、この後天下の許されを得んこと、かへすがへすかたかるべし。

能の全盛期は三十四・五歳である。この時期まで絶え間なく精進を積み、芸を極めてくれば天下に認められる芸能者となれる。この時期までに能を極めていなければ、これから先、体力は衰えていくのであるからその域に達することはない。この時期に考えなければならないことは、これまでの稽古をよく弁えると同時に、これからのあり方を会得することである。

芸における肉体的頂点は、三十四・五歳だ、と世阿弥は言う。幼少の頃から精進を積み重ねてきた稽古の結果が、この時期に開花し、世の評価を得られるというのである。したがってこの先、体力はどんどん衰えていくのだから、この時期に至っても芸の未熟な者は、もうこの先はない、とも。芸を極められるか否かのすべては、この時期までに決まってしまうとの厳しい一言である。

　そして、この頃から考えなくてはならないことは、これまでのように肉体を鍛える稽古だけではなく、芸に工夫を加えることだという。いわゆる体力に任せて演じるのではなく、いままでに身につけてきた技を活かすように演じ方に工夫を施せ、ということになろうか。

　そして、つぎに体力が衰えてきた四十四・五歳からの演じ方を説いている。

四十四・五歳

　このころよりは、能の手だて、おほかた変はるべし、たとひ天下に許され、能に得法したりとも、それにつきても、よき脇の為手を持つべし。脳は下がらねども、力なく、やうやう年たけゆけば、身の花も、よそ目の花も失するなり。まづすぐれたらん美男は知らず、よきほどの人も、直面の申楽は、年寄りては見られぬものなり。さるほどにこの一方は欠けたり。

　このころよりは、さのみに細やかなる物まねをばすまじきなり。おほかた、似合ひたる風体を、やすやすと、骨を折らで、脇の為手に花を持たせて、あひしらひのやうに、少な少なとすべし。たとひ脇の為手なからんにつけても、いよいよ、細かに身を砕く能をばすまじきなり。何としても、よそ目、花なし。もしこのころまで失せざらん花こそ、まことの花にてはあるべけれ。

　それは、五十近くまで失せざらん花を持ちたる為手ならば、四十以前に天下の名望を得つべし。たとひ天下の許されを得たる為手なりとも、さやうの上手は、ことにわが身を知るべければ、なほなほ脇の為手をたしなみ、さのみに身を砕きて、難の見ゆべき能をばすまじきなり。かやうにわが身を知る心、得たる人の心なるべし。

四十四・五歳からは体力が下降し、能の演じ方が変わってくる。相当の美男であっても面をつけない（直面）芸は見られぬものになっていく。この時期からは、むやみに細かな物真似はしないで歳相応の芸風をさらりと演じ、周りの演者を立てるように演ずるべきである。たとえ優れた脇のシテに恵まれていないからといって、細かに身体を使う芸はすべきではない。どうつくろおうと、見た目に花はないのだから……。ただし、この時期まで失われない花こそ、本当の花である。五十近くまで花をもっているシテならば、四十歳以前に天下の名声を得ているであろう。そのような優れたシテであっても、自分の年齢からくる身体的衰えがきていることは自覚しているであろうから、脇のシテを吟味して、アラが見えてしまいかねない能はしないほうがよい。このようにわが身を知る能役者こそが、この道を体得した者の心であろう。

肉体的には、衰えがはじまり、すでに花のない身なのだから、自らはさらりと演じ、周りの演者を立てるように意識せよ、と世阿弥は言う。いわゆる、肩の力が抜けた、気負いのない演技を志せということであろう。ここで世阿弥は触れていないが、おそらくこの境地に入った者こそが、師として弟子を育てる資格を得られる者であろう。自己を客観視できない者に師としての資質は備わっていないと思うからである。そして、体力の衰えを自覚しながらも、この時期になっても花を失わない演技をする者こそが本物の演者であると言う。これこそが、能の道を体得した名人芸ということであろう。

五十有余歳はすべての総仕上げのときとなる。

五十有余歳

このころよりは、おほかた、せねならでは手だてあるまじ。「麒麟も老いては駑馬に劣る」と申すことあり。さりながらまことに得たらん能者ならば、物数はみなみな失せて、善悪見どころは少なしとも、花は残るべし。

亡父にて候ひし者は、五十二と申しし五月十九日に死去せしが、その月の四日、駿河国浅間の御前にて法楽つかまつり、その日の申楽、ことに花やかにて、見物の上下、一同に褒美せしなり。およそそのころ、物数をばはや初心に譲りて、やすきところを少な少なと色へてせしかども、花はいや増しに見えしなり。

これ、まことに得たりし花なるがゆゑに、能は、枝葉も少なく、老木になるまで、花は散らで残りしなり。これ、目のあたり、老骨に残りし花の証拠なり。

「麒麟も老いては駑馬に劣る」の喩え通り、五十歳を過ぎた能役者は、なにもしないという以外に方法はあるまい。しかし、真に技を体得した能役者なら、あらゆる技を駆使しての演じ方はできなくなり、演者としての見せどころが少なくなったといえども花は残るもの。父観阿弥は、五十二歳の五月十九日に死去したが、その月の四日に演じた申楽は、ことに華やかで、能に通じているか否かに関係なく観客全員が賞賛した。演ずることの多くを共演者の若き世阿弥に譲り、観阿弥はごく控えめに無理なく演じて彩りを添えただけであったが、花はいよいよ見事に花開いたのである。これは真に会得した花なるが故になし得たことで、能は、細かな技のできなくなる老身になるまで、花を散らすことなく残せるということを目の当たりにした例である。

年齢的なことにこだわるならば、この項での前提は現代とは明らかに異なる。おそらく現代において五十過ぎというのは、まだまだ舞盛りとされているのであろうから。しかし、体力がすっかり衰えてしまった者の芸に対する心構えと捉えるなら問題はなかろう。とは言え、この境地にまで達しうる者がどのくらいいるのであろうか。能の勘所をきちんと理解している者なら、すべての技が使えなくなったとしても、共演者に合わせてわずかに彩りを添える動きだけで花を開かせることができるというのである。まさに至芸である。そして、その好例が世阿弥の父観阿弥が死の半月前に演じた申楽であったと言っている。

以上が、『風姿花伝』第一「年来稽古条々」の大意である。ここではあくまでも身体の成長に応じた稽古の重要性に限定して説明している。身体を作るためには若いころにその世界に入ることが大切であること。身体の成長の変化に応じて無理なく稽古を続けていくことの重要性。体力に任せて存分に稽古できる時期の精進の大切さ。体力の衰えを意識しつつも長年の稽古で培ってきた技で補うことの大切さなどである。

芸の基本は物真似

つぎに世阿弥は、身体を鍛えることの重要性だけではなく、稽古をするためにはなにを考えながら稽古すべきかを説いている。そこで世阿弥は、稽古の基本は物真似にあるとする。やはり「真似ぶ」とは「学ぶ」ことなのである。そして、第二「物学(ものまね)条々」を設けている。そこでは、

物まねの条々、筆に尽くしがたし。さりながらこの道の肝要なれば、その品々を、いかにもいかにもたしなむべし。およそ何事をも、残さず、よく似せんが本意なり。しかれども、また事によりて、濃き・薄きを知るべし。

物まねをすることは多くて、筆舌に尽くしがたい。しかし物まねはこの道での大切なことなので、その多くのことをどこまでも深く吟味するがよい。なにごとも徹底的に真似ることが、物まねの本質である。とはいえ、場合によっては手加減のいることも知っておくべきである。

物真似を通して学ぶことは、この道の基本なので多くのことをどこまでも深く探求すべきである。その際、そのものを徹底的に真似することが重要であり、それが物真似の本質であるとしている。徹底的に真似るとは、自分という存在を忘れてしまうほどにその対象に成り切るということである。しかし、その身分や行為、生活振りまでをも真似ることは不可能なのだから、場合によっては真似することに手加減が必要であることも弁えておくべきであると説いている。

そして、能の役柄における「女」「老人」「直面」「物狂」「法師」「修羅」「神」「鬼」「唐事」などを真似るに際しての基本となる心得について記述している。

能を学ぶに際しては、身体を鍛えていくと同時に、実際に登場してくる役柄そのものを師として徹底的に真似ることが基本だという。その場合、師（役柄）そのものに自分が成り切れるまでに没頭することが求められる。それは自己を捨て去ることを意味する。一旦自己を捨て去り、師に成り切るまでに稽古を積むことによって、初めて師と肩を並べることができるのである。

ここで世阿弥は、自分なりの芸の表現などということは考えていない。あくまでも師と同じ域に達するために稽古に励むのである。その結果として、ようやく第一線で活躍を続けられる演者となることができ、自ずと演技に花も備わってこようというのである。しかし、周りの批評家などから「名人芸の域に達した」と評されるようになったとしても、世阿弥の意識においては、師の域を超えられることはないのであろう。だからその稽古、ないし芸に対する工夫は死に至るまで続くものなのだと解される。その意味で、物真似は一生続くものなのである。

しかし、物真似であったはずの芸が、いつしか自分独自の芸の表現になっているのである。それが能の道を会得したということにほかならない。それがその人の「個性」である。

そのことを『風姿花伝』では、つぎのように述べている。

まづ七歳より以来、年来稽古の条々、物学の品々を、よくよく心中に当てて分かち覚えて、能を尽くし、工夫を窮めて後、この、花の失せぬところをば知るべし。この、物数を窮むる心、すなはち花の種なるべし。されば花を知らんと思はば、まづ種を知るべし。花は心、種はわざなるべし。（『風姿花伝』第三「問答条々」）

七歳から能楽の道に入って歳に応じた稽古を続け、多くの物まねをしてきた。それらを自分のものにすることの大切さを肝に銘じながら稽古を行ない、さまざまな技を身につけ、さらに工夫を窮めてきた。その結果として、常住不変の花のありかが会得できるのだ。この技を窮めようと学び続ける心が「種」である。したがって、芸としての花を知ろうとするものは、まず技を知るべきである。花とは心のことであり、種とは技のことである。

ここで世阿弥は、演者の心（芸に対する思い）が先にあって観客の心を魅了する芸があるのではなく、あくまでも技を磨く修業（稽古）があってこそ心が養われ、観客を魅了する心をも会得できるのだ、としている。つまり、厳しい稽古を積むことなく、観客を魅了できるような心が生まれるはずがない、と言っているのである。身体を鍛え、物真似（学び）に徹することを通して芸に対する「種」が作られる。そしてさらに芸に工夫を凝らしていくことによって心が醸成され、やがて「花」が咲くというのである。あくまでも、心が先にあって技が作られるのではなく、技が確立してこそ心が作られるとするのが、世阿弥の芸道論の肝心な箇所であろう。この芸道論に関しては、いましばらくおく。

学ぶときの心構え

ものを学ぶときの心構えを続けよう。では、その心を作り出すためにはどうすればよいのか。稽古の基本が物真似にあるからといって、ただ闇雲に物真似をしていたのでは芸の上達をみない。世阿弥は、正しい師につくことが大切だという。そして、ものを学ぶときには、すでに芸を極めている師についてよく稽古を積み、真似をすべきだと言う。

至りたる上手の能をば、師によく習ひては似すべし。習はでは似すべからず。上手は、はや窮め覚え終はりて、さてやすき位に至る風体の、見る人のため面白きを、ただ面白きとばかり心得て、初心、これを似せたりとは見ゆれども、面白き感なし。上手は、はや年来、心も身も十分に習ひ至り過ぎて、さて動七分身に身を惜しみて、やすくするところを、初心の人、習ひもせで、似すれば、心も身も七分になるなり。さるほどに詰まるなり。

しかれば習ふ時には、師は、わが当時するやうには教へずして、教へすまして、後、次第次第に上手になるところにてやすき位になりて、身を少な少なと惜しめば、おのずから身七分動になるなり。

総じてやすき位を似する道理あるべからず。似せば大事なるべし。大事なるところは。せめて似すべきたよりあるべし。「似たることは似たれども、是なることは是ならず」といへり。この是に似するあてがひあるべしや。（中略）

そのそもその物になること、三つそろはねば叶はず。下地の叶ふべき器量、一つ。心にすきありて、この道に一行三昧になるべき心、一つ。またこの道を教ふべき師、ひとつなり。この三つそろはねば、その物にはなるまじきなり。

また当時の若為手の芸態風を見るに、転読になることあり。これもまた、習はで似するゆゑなり。二曲より三体に入りて、年来稽古ありて、次第連続に習道あらば、いづれも得手に入りて、つづの芸風になるべきことなるを、ただ似せまなびて一旦のことをなるゆゑに、転読になるかと覚えたり。まづ二曲を習はんほどは、三体をば習ふべからず。三体を習ふ時分なりとも、軍体をばしばらく習ふべからず。軍体を習ふとも、砕動・力動などまでをば残すべき年来の時分あるべし。これを一度に習ひ、一度に似せんこと、いかほどの大事ぞや。かへすがへす思ひ寄らぬことなるべし。もし、年若き為手の、達者にまぎれて転読なりとも、一旦の花あるべし。それは年ゆかば、能は下がるべし。もし下がらずとも、名人になること、かへすがへすあるべからず。心得べし。

またこの転読につきて心得べきことあり。あまりに珍しき能ばかりを好みて、古き能を為捨て為捨て、能の主にならぬも、また能の転読なり。得手に入りたる能を定能に為定めて、そのうちに新しき能を交ぜてすべし。珍しきばかりに移りて、もとの能を忘るれば、これまた能の位、大きなる転読なり。珍しきばかりをすれば、また珍しからず。古きに新しきを交ふれば、古きもまた新しきも、ともに珍しきなり。これ、まことの花なるべし。

孔子云、温古新知、可以為師。（『花鏡』「知習道事」）

能が上手になるためには、師について真剣に稽古することである。稽古もしないで真似だけをするべきではない。稽古に励んだ結果として、自在に演ずることができるようになった姿が観客に感銘を与える。しかし、自分では自在に演じられると思っていても表面的に演じていると、見た目には同じように演じられているように見えても観客に感銘を与えることはできない。真に上手な演者は、若い頃から積み重ねてきた稽古で身体も心も十分に窮め尽くされているから、無理なく演ずることができる。その際、舞台に立っているときの動きは、心を十分に働かせて、動きを七分に控えて演じている。しかし、熟達していない演者は、心も身体も七分で演じているから、芸に伸びようがないのである。

したがって、稽古をつける師のほうも、現在の自分の芸域そのままに教えるのではなく、自分がまだ熟達していなかった頃のような心持ちで、身も心も十分に教えるべきである。十分に教え込んだあとで、しだいに身体を控えめに動かすこと心がけていけば、自ずと動きを七分目にすることができよう。（中略）

そもそも優れた師になるためには三つの条件が備わっていることが必要である。それは、地力をつけるだけのよい素質があること。数寄心があり、一つのことに専心できること。良き師をもつことである。この三条件が揃わなければ、良き演者になることもできないし、師として認められることもない。（中略）

また、演ずるときに、目新しい演目ばかりを好んで演じ、古典をおろそかにしてはならない。得意とする演目（いわゆる十八番）を基本として、そのなかに新しい演目を交えて演ずるべきである。もの珍しい演目ばかりを演じ、古くから伝わる古典を忘れているようでは、見た目に映える芸をしているだけに過ぎない。もの珍しい演目ばかり演じていては珍しくもなくなってしまう。古い演目に新しい演目を交えることによってこそ、古い演目も新しい演目も、ともに新鮮さを得るのである。これこそが「まことの花」である。

孔子の言う、「古きを温(たず)ねて新しきを知る、以て師となすべき」とはまさにこのことである。

繰り返しになるが、現代人がもっとも苦手としていることだと思われるので説明を重ねる。とはいえ、職人の世界に限らず、特定の専門職においてはごく当たり前のこととして行なわれてきた修業するに際しての基本ではある。

世阿弥は、師や先輩の演技を見て真似ることが稽古における大切なことと言っているが、それはあくまでも身体を鍛えるという基本があってのこと。基本となる稽古もせずに真似ばかりしているのでは、たまたまよい演技ができたとしてもそれは偶然できたに過ぎない。基本がしっかりしていない者に真の上達はあり得ない。

しかし、真似る師はだれでもいいという訳ではない。やはり、演技の基本がきちんとできている師につくのでなければ、芸の上達は望めない。世阿弥は、師となるべき人にもそれなりの資質が必要であるとしている。それは、「師となるべき人」というよりも、「能楽師として成功する者」の資質と同じである。すなわち、一人前の演者として成功した者でなければ師足り得ないということである。

そして、師たるべく資質として三つの要素をあげている。

第一に「素質のよさがあること」である。これは、師としての素質を問うているが、同時に弟子にとってもよき資質のあることは基本となろう。ある意味、資質は環境によって育てられてくるものではあるが、生まれながらにしての資質というものはどうしてもある。能楽師の子として生まれてきた者が、弟子となり、やがて師となっていくのが最適であるということにもなろう。しかし、そうでない環境に生まれてきた者でも優れた素質をもっている者はいる。それを見出すことも大切なこと。

第二に、「数寄心があり、一つのことに専心できること」としている。好きだということが前提だがそれだけではすまない。厳しい稽古に耐え、一つの芸事に打ち込むことのできるだけの志がなければ務まらない。それだけの強い意志がなければ厳しい稽古に耐えられないし長続きしないという。この「耐えて続ける」という要素が現代の日本人にはもっとも辛いことであろう。嫌になったらすぐ諦める、辛いことに出合ったらすぐに辞める、もっと楽なことはないかと別に興味を移す、ということが当たり前のことのように通用する社会になっているから。そして、ここが肝心なのであろう。

第三が、「よき師につくこと」とあるが、この厳しい世界で修業を積むためには、すでに能の道を会得したよき師に出会うことが大切だという。世に指導者と言われる人はたくさんいるが、優れた指導者にはなかなか出会えないもの。だから、真剣によき指導者を求めることが、自分自身の成長を長い目で見たときには重要なことになる。安易に師を求めるのではなく、この師の教えならどんな厳しい求めにもついて行けるというほどに、尊敬できる師に出会うまで探し求めるべきだというのである。

これら三つの条件が揃わなければ、芸の上達はない、と世阿弥は言う。

素質のよさに関しては、生まれながらにして決定づけられている要素が大きいが、家柄のよさ、出自のよさを言っているのではない。必ずしも世襲でなければならないと言っているのではない。たとえ能家の出でなくても才能のある者、よい素質のもった者はいる。その点、よき師に出会うということがもっとも難しいことなのかもしれない。よほどの強い意志がない限り、自分に見合った師を探し求めるということはできないからである。また、一度はこの師、と決めたものの不幸にして、稽古を積むにしたがって反りが合わなくなるということもあろう。師を求めるとは難しいものである。そして、自分の師を探し求めるということは、自ずと一つのことに専心できるだけの強い意志も備えた人であることをも示していよう。

また、人目を惹くような奇をてらった演目ばかりしている演者ではいけない。古典をきちんと演じ、時に新曲を取り入れて演ずることによって、古典に新たな発見ができるであろうし、新しい曲目に斬新さも表現できようと言うのである。そして、それこそが孔子が言うところの「温古知新」の真の意味である、と。

新しもの好きの現代人には耳の痛い話である。流行・ブームを追い駆けることに夢中になり、一つのブームが衰えてしまうとだれも見向きもしなくなり、やがて忘れられてしまう現象は日本人に当たり前のことになってしまった。もっとも、この新しもの好きはいまに始まったことではなく、古来、日本文化の一要素としてあったもの。世阿弥が、この書を書いた動機もまさに根は同じ。忘れ去られようとしていた能の再生を願って書き著したのだから。

ただ、一つのことに専心していた人はもっといたのかもしれない。

演じるとは

先の文章中にある、「心を十分に働かせて、動きを七に控える」とはどういうことであろうか。これについては、同じ『花鏡』に「動十分心、動七分身」という一項を設けて説明している。

「心を十分に動かして、身を七分に動かせ」とは、日ごろの稽古で手や足を動かしているときには、師の教えの通りに動かし、それらの基本を正確に身につけることに専念し、動きを完全に身につけたのちに、手や脚の動きを少し控えめに動かすようにすることを言っているのである。これは必ずしも舞や舞以外の技に限ったことではない。立ち居振る舞い、身のこなしを心より控えめに動かすことによって、心の動きが身の動きとなり、表現としても印象づけられるので、見ている人に感銘を与えることができよう。

能を演じているときに、作品に込められている意味を十分に伝えようと、全身に力を入れて舞っていると、身体の動きばかりが強調され、余裕のない舞台に感ぜられるものだということ。いわゆる、肩に力の入り過ぎている演技、ということであろう。そんなときには動きがぎこちないだけでなく、なぜか小さく見えてしまうもの。気負いすぎている演技は、動きの派手さに比べて、舞台で舞っている演者を小さく見せてしまうもの。心に余裕のないままに演じていると、とかくこのような舞台になってしまう。そうならない様に演ずるためには、十の心の思いを、七にして身体を動かすことを心がけるべきである、というのである。

これは、能の世界に限ったことではない。ふだんの生活においても見受けられることであり、職人の世界でもよく言われることである。陶工や木彫師がよく口にする、「身体に力が入りすぎると、手の動きがぎこちなくなり、作られた線も硬く、ガチガチの野暮ったい形になってしまう」ということと共通していよう。流れるような線を描くためには、手の動きに遊びがなければならない。いわゆる、七分目の力で道具を扱うということである。心にも技にも遊びがなければ活き活きとした動きのある作品にはならない。それが、心も技も七分目にということである。

また、上手な人が演じていて、時に心のままに自在に演ずることがある。これを「闌たる位の技」という。世阿弥は、『至花道』の「闌位事」でつぎのように述べている。

一、この芸風に、上手の窮め至りて、闌けたる心位にて、時々異風を見することのあるを、初心の人、これをまなぶことあり。この、闌けてなすところの達風、左右なくまなぶべきことにはあらず。何と心得て似せまなぶやらん。

そもそも闌けたる位のわざとは、この風道を、若年より老に至るまでの年来稽古を、ことごとく尽くして、是を集め、非を除けて、已上して、時々上手の見する手だての心力なり。これは、年来の稽古のほどは、きらひ除けつる非風の手を、暴風に少し交ふることあり。上手なればとて、何のため非風をなすぞなれば、これは上手の故実なり。よき風のみならでは上手にはなし。さるほどによきところ珍しからで、見所の見風も少し目慣るるやうなるところに、非風をまれに交ふれば、上手のためには、これまた珍しき手なり。さるほどに非風、かへつて是風になる遠見あり。これは、上手の風力をもて、非を是に化かす見体なり。されば面白き風体をもなせり。

これを、初心の人、ただ面白き手と心得て、似すべきことに思ひて、これをまなべば、もとより不足なる手なるを、おろそかなる下地に交ふれば、炎に薪を添ふるがごとし。もし闌くるといふことを、わざよと心得て、上手の心位とは知らざるか。よくよく按得すべし。

能の演じ方に、名人の域にまで達した演者が、まれに技に捕らわれることなく心のままに演じる「自在の芸位」というのがある。これを、二十四・五歳のいまだ未熟の者が見て、真似ることがある。この自在の芸位という優れた芸風はそう簡単に真似ることのできないもの。それを初心者がどういうつもりですぐ真似をしたがるのだろう。

そもそも自在の芸位とは、若年から老年に至るまでの長年の稽古を積み重ねの結果として、正統の技だけを取捨選択し、それ以外の芸を捨ててきた、すでに芸の道を究めた名人の域に達した者がまれに見せる演じ方。それは技の力ではなく心力によるもの。芸を極めた者がどうして自在に演じるかというと、それは上手だけに許された心得だからである。正統の稽古を積み重ねてきた者にしかこの演じ方は許されていない。観客の目には少し単調で飽きがきているようなときに、自在の芸を混ぜることによって、演技全体に目新しさを感じさせるものとなる。このように自在の芸を臨機応変に取り入れることによって、観客の目をごまかし、この非正統の技が却って演技全体における正当な技の効果を表すことができるのである。これは芸を極めた者にしてできる芸力で、観客を化かす効果をもった芸である。

これを初心の人が面白い演技だと思って単純に真似ると、そもそも未熟な演じ方しかできないうえに、自在の芸を取り入れることで、強風化の炎に薪を加えたようなまとまりのつかない酷い演技になってしまう。そのような演技をする未熟者は、闌けるということを技の芸位と誤解しているのであり、上手の心位とは何であるかを認識していないのではないか。このことを十分に思案すべきである。

舞台で演じているときに、時に全体が単調だな、と思うことがある。観客も演技に飽きている様子が見て取れる。そんなときに芸の道を究めた演者は、観客の気を引くためにいままでとは異なった演技を交え、それまでの場の雰囲気を変えてしまうことができる。いわゆる「即興＝アドリブ」である。本来は間違った演出であるにもかかわらず、上手に入れ込むことで正統な演技としての効果をもたらすのである。これを「名人芸」というのであろう。上手が演じてこそ効果のあるもの。しかし、得てして初心者ほどこのような効果を求めたがるものである。未熟な芸しかないにもかかわらず下手な即興を入れて却って舞台を壊してしまうことになる。ここでも世阿弥は、なんでも真似をすればいいというものではない、初心の人はあくまでも基本に忠実に演ずるべきだということを説いている。

世阿弥の論はさらに続くが、これ以上は能に特有の議論に入ってしまうのでここら辺りで留める。ただ、先に触れただけで置き去りにしてきた「世阿弥の芸道論」について述べておく必要がある。

画期をなした世阿弥の芸道論

「芸の基本は物まね」の項の最後で触れた、世阿弥の芸道論の意味について述べよう。

これは芸術を身につけるためにはどうしたらよいのか、という方法論における画期をなしたものであった。と同時に、それはその後の日本文化のあり様に一大画期をなした芸道論でもあった。『風姿花伝』の「問答条々」の一文「芸としての花を知ろうとするものは、まず技を知るべきである。花とは心のことであり、種とは技のことである」（原文の読下し文は「されば花を知らんと思はば、まづ種を知るべし。花は心、種はわざなるべし」）の意味についてである。

世阿弥は、「花は心、種は技」であるとし、能における心を知ろうとするのならば、まず種を知りなさい。その種とは稽古を積むことによって得られる技だ、と言っている。つまり、稽古を積むことによってこそ、初めて花を知る素地ができる、と。

これは従来の日本人の「心」と「技」の関係を覆すものであった。

平安時代の初期の延喜五（九〇五）年、醍醐天皇の勅命によって編纂された『古今和歌集　仮名序』で、紀貫之は、

やまと歌は　人の心を種として　よろづの言の葉とぞなれりける

と言っている。ここでは「心」が「種」であり、その種が言葉という花となって歌を作りだすというのだ。ここでは「種は心、花は技」ということになる。すなわち、優れた歌を作るためには、まず心を磨きなさい。心を磨くことによって種が作られ、その種が花開いて歌（＝言の葉）となる、ということになる。おそらくこれが平安時代の日本人がごく普通に考えていた芸道論であろう。

ここで、紀貫之が意図しているであろう「心を磨く」とはどういうことであろうか。それは当時の上流階層（宮廷人や貴族など）に求められていた知識の量であろう。それは、中国の古典に通じることであり、日本の先人が詠んだ歌を覚えることであった。そして、四季の変化を敏感に捉える感受性を身につけることも求められたであろう。

しかし、このような志向は、世阿弥の考えとは一八〇度異なるものであった。

すでに述べてきたように世阿弥は、稽古を積むことによって技（種）を得、その技を自在に駆使できるようになって初めて心が生まれ、花が咲くようになると説く。

世阿弥の考えは、より現実的である。より自力的である。より現世的である。そして、より庶民的である。

世阿弥の考えを敷衍していくと、その論は能の道だけに留まらず、普遍性をもってほかの世界にも適応できるものであるということにまで思いが至る。現実社会において、いかに生きていくことが自らの生活をより充実したものにできるか、という方法論を兼ね備えているからである。

そして、すでに読者が思い至っている通り、職人が積むべき修業のあり様と同じであることに改めて気づかされる。まさに職人は、世阿弥の芸道論と軌を一にする「職人道」にあって、技を鍛え、心を培ってきたのである。

世阿弥と禅宗

世阿弥はなぜ従来とは異なった芸道論を打ち立てることができたのであろうか。
世阿弥は、『風姿花伝』の「問答条々」の文末で中国禅宗の第六祖慧能（六三八〜七一三）の偈を引いている。

古人曰く、
心地含諸種　普雨悉皆萌　　心地に諸々の種を含み、普き雨に悉く皆萌す
頓悟花情已　菩提果自成　　頓に花の情を悟り已れば、菩提の果は自ずから成らん

人はみな本性として仏性（諸種）を備えており、いま自分の説法を聞くことは、あまねく大地を潤す雨にその種が発芽するようなものである。つまり各自が仏性に目覚める機縁となろう。
自分の説法を聞いて工夫を尽くせば、豁然として悟りが開け、自ずから仏の無常の智慧に達することができるであろう。

田中裕は註で、「種」は「技を極めようとする努力」に、「悟花情」は「工夫を極めること」に、「菩提果自成」は「常住不変の花のありかが会得される」にそれぞれ相当し、「普雨」とは、『風姿花伝』でさまざまに述べてきた教えのこと、との説明を加えている。

世阿弥の『風姿花伝』は、禅宗の影響を強く受けて書かれたものだ、という一つの証である。そして、禅の中心となった教えは、道元の禅だったのではないか、と。

ちなみに、侘茶を大成した千利休（一五二二～九一）の茶道も禅宗の教えに強く影響を受けて成立したものだし、剣豪・宮本武蔵の『五輪書』も禅宗との関わりをもって書き表されている。千利休は臨済宗の大徳寺（京都）に深く関係しているし、宮本武蔵は熊本城下にある曹洞宗の雲巌寺の洞窟で『五輪書』を書いたとされている。

また、世阿弥の教えにある言葉を一語変えることで、もっと一般的な世界にも通用する教書となろう。つまり、種である技を「型」ないしは「かたち」と置き換えることである。すると、その道に入って修業を積もうとする者は、まず「かたち」（＝技）を学ぶことからはじめなさい。そして、そのかたちが自分のものになったとき、そこには自ずと「こころ」が伴っている、と読むことができよう。そして、稽古に励んでいる間は、我執を捨て、自らを捨てて学ぶことが必要だということになる。このように言葉を置き換えることによって、「技と心」「種と花」の関係は、花道や茶道、ひいては武士道にも当て嵌めることができよう。そして、我田引水になってしまうが、職人の修業のあり方にもそのまま適用することができる。

第四章　道元の思想

世阿弥の出家

世阿弥と曹洞宗、世阿弥と道元とを結びつけた研究書はすでに数冊存在しており、ここでは既存の研究に則して説明を加えていきたい。

ちなみに先学の書としては、香西精の『世阿弥新考』（わんや書店、一九六二年）、西尾実の『道元と世阿弥』（岩波書店、一九六五年）、今泉淑夫の『世阿弥』（吉川弘文館、二〇〇九年）などが挙げられる。

『世阿弥新考』によると世阿弥は、奈良県磯城郡田原本町（旧多村）味間に現存する宝陀山補巌寺の第二世竹窓智厳の許で出家した。補巌寺は観世座の発祥の地結崎から五キロほどの距離にある、当時、奈良で唯一の曹洞宗の寺院であった。竹窓の師は補巌寺の開山了堂真覚で、曹洞宗總持寺系の峨山韶碩の弟子太源宗眞である。曹洞宗は、開祖永平道元――二世孤雲懐弉――三世徹通義介――四世瑩山紹瑾と続く。第四世瑩山は、能登總持寺の開山でもある。これ以降曹洞宗は、瑩山の總持寺に連なる系統を總持寺系と、道元の永平寺に連なる永平寺系との二派に分かれる。以後、總持寺系は、瑩山――峨山――太源と続いていく。したがって、世阿弥も總持寺系の教えに連なることになる。

了堂は、十七歳で奈良の竜華院に投じて剃髪得度したが、二十四歳のときに禅宗に改宗した。その後、北陸、東海方面に遊学し、總持寺の峨山の許に参ずる。その後の峨山の法嗣太源が住んでいた近江の報恩寺に参じ、応安二（一三六九）年八月、四十歳にして印可を受けた。その後、了堂は摂津（現、大阪）から舟で薩摩（現、鹿児島）の羽島に庵を結び、市来の豪族が建立した万年山金鐘寺の開山となる。至徳元（一三八四）年、まさに観阿弥の歿した年に、「和州信官」某の建てた補巌寺に了堂が招かれて開山となったのである。それは、大和の出身であるという因縁からであろうか。また建立者の名が伏されていることは、当時、奈良興福寺の治下にあった大和の役人（信官）が、新興仏教の禅寺を建立するということは問題が大きいとして、名前を秘したのであろうとも推測できよう。

了堂の法嗣竹窓智厳は近江の人で、太源について剃髪し地方を歴訪したあと、補巌寺の了堂の許で修行する。明徳四（一三九三）年、了堂の命により補巌寺第二世として住することになる。了堂は明徳六年七月二日、七十歳で示寂。竹窓は応永三十（一四二三）年八月九日に示寂した。

世阿弥は竹窓の許で出家し、法名として「善芳」「至翁」の二つを用いていたという。「善芳」の名は、「金烏書」の奥書に

永享八年二月日　沙弥善芳

とあるだけだとし、もう一つの法名「至翁」に関しては、「夢跡一紙」の本文に

むかし、亡父、この道の家名をうけしより、至翁、又、わたくしなく、当道を相続して、いま、七秩にいたれり（吉田本二八三）

とあり、同じ書の奥書にも

永享四年九月日　　至翁書

と署名している。「至翁」に関してはこのほか、金春太夫（こんぱるだゆう）宛の書簡にも用いられている。
また、竹窓の教えを聞き入れているものとして金春禅竹宛の自筆状がある。

（上略）仏法にも、しうしのさんがくと申ハ、とくほう以後のさんがくとこそ、ふかん寺二代ハ、おふせ候しか。（下略）

「仏法にも、宗旨の参学と申すは、得法以後の参学とこそ、補厳寺二代は、おうせ候しか（仏法でいう宗旨の参学とは、悟りを得た後の修行にこそある、と補厳寺の二代目はおっしゃっていた）」

この「補厳寺二代」が竹窓智厳のことである。
では、世阿弥はこの補厳寺二代竹窓智厳の教えを通して、道元からなにを学んだというのであろうか。そのためには、道元の教えを理解しなければならない。

道元の疑問

道元は鎌倉時代の人である。道元は正治二（一二〇〇）年に生まれて、建長五（一二五三）年に示寂しているから、世阿弥（一三六三〜一四四三）よりほぼ一五〇年前に活躍した禅僧である。

『新版禅宗大辞典』によると、道元は、内大臣久我通親（くがのみちちか）を父、摂政太政大臣藤原基房（もとふさ）の娘を母として、宇治木幡の松殿山荘で生まれたとされる。三歳のときに父を、八歳のときに母を失い、祖父の基房に育てられる。十三歳のときに比叡山の麓に叔父の良顕を訪ね、横川（よかわ）の首楞厳院（しゅりょうごんいん）の般若谷の千光房に入り、翌年の建保元（一二一三）年天台座主公円について得度し、戒壇院で菩薩戒を受けて、仏法房道元と名乗る。有力貴族の家に生まれ、将来の出世も保証されていた道元が、なぜ出家したのかはなぞである。しかし、道元は天台宗の教学を学んでいるうちにある疑問を抱くようになる。それは、釈迦の教えの根本を示していると言われる、「本来本法性（ほんらいほんぽっしょう） 天然自性身（てんねんじしょうしん）」という言葉に対してであった。それは「われわれ人間は生まれながらにして法（仏）そのものである。そのもの自体が仏の智慧と徳とを備えている」という意味である。そして道元の疑問は、「人間はこの世では生まれながらにして仏であるにもかかわらず、なぜお釈迦さまをはじめ、各宗の祖師たちは血の出るような修行をしなければならないのか。本来仏としての知恵と徳を備えているわれわれならば、親兄弟や妻子の恩愛を断ち切って血の出るような修行をする必要はないではないか」ということであった。

道元はこの疑問を天台座主の公円に尋ねた。しかし満足な答えは得られなかった。そこで道元は比叡山での修行に見切りをつけて、三井寺の公胤（こういん）僧正を訪ねる。しかし、公胤僧正の答えも道元を満足させるものではなかった。そこで道元は、当時、既成教団から圧迫を受けながらも禅宗の教えを説いていた京都東山の建仁寺を訪ねる。建仁寺とは、日本に初めて禅宗をもたらしたとされる栄西（えいさい）が創建した寺院である。栄西は、建保三（一二一五）年に七十五歳で示寂しているので、道元十六歳のときに当る。おそらく道元が建仁寺を訪ねたときに、栄西はすでにこの世にはいなかったと思われるが、道元は建仁寺で栄西門下の明全（みょうぜん）に師事した。しかし、ここでも答えは得られなかった。そして、道元は中国に行くことを決意する。

この自己探求の激しさが道元という個性の特徴であろう。

そして、ここで道元が抱いた疑問は、浄土に行くためになにをすべきかではなかった。

この世に生を受けた者が、なぜ厳しい修行をしなければならないのか。仏として生まれながら、人間はいかに生きていかなければならないのか、ということへの疑問であった。それは、道元が僧としての出発の時点から、すでに彼岸に関心があるではなく、もっぱら人びとが生きているいまの時代、此岸でのあり方を追究していたことを示していよう。ここに、宗教家道元のもう一つの特徴がある。

師を求めることの難しさ

貞応二（一二二三）年、道元は建仁寺の僧明全とともに入宋する。道元二十四歳のときである。

中国浙江省（せっこうしょう）東部の港町寧波（にんぽー）に着いた道元は、栄西と同じ宗派の臨済宗の寺院を訪ねる。当時、禅宗が盛んだった中国には臨済宗の寺院が多く、いろいろと訪ね歩く。天童寺（てんどうじ）を訪ね、臨済宗大恵（だいえ）派の無際了派に師事し、臨済宗各派の貴重な書物（嗣法書）などを見、その間に、阿育王山広利寺に赴き、各種の禅体験をした。二四年に無際が示寂した後には、径山、天台山の万年寺、明州の小翠岩、鎮江の雁山能仁寺などを訪ねたが、道元が求めているような師とは出会えなかった。

そんなあるとき、以前、ある老僧が「天童寺の住職が代わった。勅命によってこられた立派なお方だから、ぜひ、訪ねてお会いしなさい」と勧めてくれたのを思い出して天童山に赴く。そこで道元の終生の師となる如浄と出会うのである。そして、約三年、道元は如浄の許で修行することになる。

中国での道元の足跡をくどくどと述べたが、これほどまでに努力して自分の意に適う師を求める旅を続けたのである。道元にとって師とはそれほどまでしてでも求め得るべき重要なものであった。

のちに道元は『正法眼蔵随聞記』（第三）に言い残している。

大宋国の叢林にも、一師の会下に、数百千人の中に、実の得道得法の人は、僅かに一二なり。

禅宗が盛んな中国にあっても、一人の師に出会って教えを請おうとするなら、真に仏法の極意に通達した人は、数百数千人のなかに僅かに一人か二人いるだけだ、というのである。道元は実体験として、本当の師に出会えることの難しさを説いている。と同時に、これほどまでの苦労をしてでも、真の師を求めるべきだということである。

真の師に出会えるとは、なにを意味するのか。『正法眼蔵随聞記』（第六）ではこう言っている。

学人道心なくとも、良人に近づき、善縁にあふて、同じ事をいくたびも聞き見るべき也。此言一度聞き見れば、今は見聞かずとも思ふことなかれ。道心一度発したる人も、同じ事なれども、聞くたびにみがかれて、いよいよよき也。況や無道心の人も、一度二度こそつれなくとも、度々重なれば、霧の中を行く人の、いつぬるゝとおぼえざれども、自然に恥る心もおこり、真の道心も起る也。故に、知りたる上にも、聖教を又々見るべし、聞くべし。師の言も、聞たる上にも聞たる上にも、重々聞くべし。

学問や仏道を求める心のない人でも、優れた人の傍にいられるような善い縁が得られれば、同じことをなんども聞いたり見たりすることができる。一度や二度聞いたり見たりしただけではなかなか身につかなくてもそう気にすることはない。仏道を求める心を起こした人も同じだが、聞くたびに心がみがかれて、ますます善い心になっていく。仏道を求める心のない人でも、優れた人の言葉をなんども聞いていると、辺りに霧が立ち込めている中を歩いていると、いつ知らずとも衣服が濡れてしまっているように、人間の心にも自然と恥じる心が生じ、真の仏道を求める心も起ってくるものだ。したがって、一度学んだとしても、聖者の教えは何度も見るべきであり、聞くべきである。師の言葉も、聞いたことがあっても、重ね重ね聞くべきである、というのである。

これが道元の師と向き合うときの姿勢である。ここには、頭で理解できればそれで十分だ、という思いはない。まずは師の傍にいて薫陶を得、一旦その道に入ったならば師の教えが身体に染み込むまで繰り返し学ばなければ真の理解はできない、とまで言っているのである。これが、道元の修行の厳しさであり、悟りを得ることの難しさであり、得た悟りの確かさである。

真の悟りとは

道元の思想的画期となした出来事としてよく語られるエピソードがある。

中国にいた道元が、修行先も決まらぬままに船で宿泊していたときに、阿育王山公利寺の老典座(てんぞ)和尚(禅院の食事を司る役僧)が干し椎茸(日本産の桑の実とする説もある)を求めにやってきた。その様子を伺っていた道元が老典座に向かって、

「先ほどからお聞きしていると、あなたは相当に修行を積んでおられるお方のように見受けられる。そのような尊いお方であるのに、なぜ椎茸を求めるというような若い修行僧がしてもいいような仕事をなさるのか。そんなわずらわしい仕事にかかずらわることより、坐禅をしたり、古人の語録や仏教祖録を読まれることの方が仏の道に適うのではないのですか？　今晩、私がご供養申し上げるから、一晩泊まってお話をお聞かせ願いたい。食事は若い修行僧でも代わりはできるでしょう？　あなた一人ぐらい不在でもかまわないのではありませんか？」

という意味のことを言った。すると老典座は、

「いやいや泊まることなどできません。私が帰らなかったら明日の食事の用意はできません。まして私は出かけてくるときに、今晩泊まってくるなどという許可は得ていません。私はこの歳になって、いま努めている典座という尊い役柄を非常にありがたいと思っているのです。とても人に譲ることなどできませんし、私にとってはこれを除いて悟りの修行もないのです。

あなたはお若くて向学心にあふれた方であるようにお見受けするけれど、まだ本当の修行の道理（修行弁道）を知らない。また本当の文字とはどういうものであるかといったことも心得ておられないようだ。

いまは急いで帰らなければならない。もし機会があったら阿育王山に訪ねてきなさい」

と言って去って行った。

そのとき道元は、老典座の言っていることの意味がわからなかった。合点がゆかなかった。道元は、『典座教訓』のなかで「発憤驚心（ほつざんきょうしん）」という言葉を用い、はるばる命がけで中国までやって来たのに、私はそのとき自らを恥ずかしく思うと同時に、その言葉に強く心を動かされた、と言っている。

発憤とは、自らの心に恥ずかしく思うこと。驚心とは、深く心に感銘すること。

その後、道元は天童山景徳寺（けいとくじ）で修行することになる。

するとある日、以前、船で問答をした阿育王山の老典座が訪ねてきた。

「私は修行期間も終わったので、典座の職を退いて生まれ故郷の蜀（しょく）に帰ろうとここを通りかかった

ところ、日本から来た若い僧がこの天童山で修行していると聞き、もしやあのときの僧では、と思い訪ねてきました。あのとき船の上で、文字の道理、修行の道理がわからないときには阿育王山に訪ねてきなさい、と言って別れたのに、どうして会いに来ずにおられましょう」

と。そして話は、先日の「文字」と「道」のこととなる。老典座は、

「文字を学ぼうとする者は、文字の真実の意味を知ろうとするものだ。坐禅修行の道にいそしむ者は、坐禅修行の真実の意味を知ろうとするものだ」

そこで道元は、老典座に改めて問う。

「いかなるか是文字」

「いかなるか是道」

と。その問いに老典座は、

「文字とは、一、二、三、四、五」

「道とは、遍界かつて蔵さず」

と答えた。

遍界とは全宇宙という意味。この宇宙に存在するすべての事々物々は、なにを隠すことなく、真理をあからさまにさらけ出している。

文字とは一、二、三、四、五と、独自の意味を表わしている。文字は一つひとつに独自の意味をもっているが、しかしそれは多くのもののなかからたまたま表わされたもの。釈迦は文字として五千四十余

巻の経典を表わしたが、釈迦の教えはそれだけではない。もっと多くの森羅万象のことを語っている。すなわち、この全宇宙に存在している人間、動植物、障壁瓦礫の一切のもの、さらには時間も空間もすべてのものは、なに一つわれわれに隠しごとはしていない。すべてが見えるように存在している。その意味では、さまざまな文字がただ羅列されているだけであると考えることもできよう。書物などに書かれていることは、その一部を文字として書き表されたに過ぎない。文字の背後には、もっと多くのことが、多くの教えが、存在しているということである。

真実を見ることができるか否かは、見る人間の側の問題である。自分の考えやものの見方に捉われていては、真実を見ることはできない。真実を得るべく修行に励むことによって、文字の上にも純粋な禅の教えがあることを理解できるようになる。

全宇宙のすべてのものが表わしている真理を理解する力が備わっているなら、われわれはそれらの真理を理解することが十分にできる。そして、われわれにはそれを理解する力が備わっている。ただ、その真理を見る人間の心に邪心が潜在しているから、真理がいくら目の前にあってもわからないのだ、と。

その人間の心にある邪心を取り除くための道のりが道元の修行である。

まさに、道元が比叡山での修行以来、疑問に抱き続けてきた「悟り」と「修行」の関係が、ここに解き明かされようとしているのである。

典座の心構え

道元をしてこれほどまでに心動かした典座とはどういう職なのであろうか。『典座教訓』の一節には、つぎように書かれている。その大意を書き記す。

『禅苑清規』に云う、「須らく道心を、運らして、時に従って改変し、大衆をして受用し安楽ならしむべし」と。昔日、潙山・洞山等之を勤め、其の余の諸大師も、曾て経来れるなり。世俗の食厨子、及び饌夫等に同じからざる所以の者か。

典座の心構えについて『禅苑清規』には、「食事を作るには、必ず道心をめぐらして、時にしたがって食事に変化を加え、修行僧たちが安楽になるように心がけなければならない」とある。かつては潙山霊祐や洞山守初も典座を務めていた。昔から、多くの優れた僧が典座を務めてきた。そのほかにも多くの禅僧がこの典座職を経験してきたのである。これが世間一般の料理人や給仕人とは異なるゆえんである。

典座とは、食事を司る職であるが、ただ単に食事を作ればいいのではない。『禅苑清規』巻三の「典座章」には、「食事を作るにはつねに仏道を求める心を働かせて、季節に応じて春夏秋冬の食材を用い、食事に変化を加え、修行僧たちが気持ちよく食べられ、身も心も安楽になるように心がけなければならない。中国の唐代を代表する禅僧・潙山霊祐や唐末から五代の有名な禅僧・洞山守初も典座を務めていた。そのほかにも多くの禅僧がこの典座職を経験してきたのである。これが世間一般の料理人や給仕人とは異なるゆえんである。

このように、典座とはつねに修行僧の身体や精神状態を慮りながら、食事には季節の食材を取り入れ、食事に変化を与えるという心構えが大切だと言う。そのためには先の老典座のように、食材を求めて遠くまで出向くこともある。そして、むかしから多くの優れた禅僧たちが、典座の職を務めてきたという。それほどにこの典座を務めたという経験が大切な修行の一貫となると言うのである。それはいつも修行僧のことを思いやって、自己を顧みることなく食事を作ることに専念する心を育ててくれる、ということであろうか。それが世間一般の料理人との違いだ、というのである。

そして、さらに『典座教訓』では、典座の職は仏道の真髄そのものであるから、住職も同じ心構えで職を全うしなければならないとも言っている。

誠に夫れ、当職は、先聞あり現証（げんしょう）ありて、眼に在り耳に在り、文字有り道理有り、正的（しょうてき）と謂うべき歟。縦（たと）い粥飯頭（しゅくはんとう）の名を忝くするも、心術も亦之に同じくすべきなり。『禅苑清規』に云う、「二時の粥飯は、理（おさ）むること合に精豊（せいほう）なるべく、四事の供は、須らく闕少（けっしょう）せしむること無なるべし。世尊の二十年の遺恩は、児孫を蓋覆（がいふく）＊し、白毫光（びゃくごうこう）の一分の功徳は、受用して尽きず」と。然れば則ち、「但だ衆に奉するを知りて、貧を憂うべからず」「若し有限の心無くば、自ずから無窮の福有らん」と。蓋し是れ、衆に供する住持の心術なり。

その典座のあり様は、先人からの言い伝えや、実際に私が中国で体験してきたことから、いまでも眼に見えるようであり、耳に残っている。そしてそれを文字にすることもあり、実行することもある。それはまさしく釈尊から正しく伝えられてきた仏道の真髄そのものである。

仮りに、粥飯頭の地位について、寺を統括する立場に立ったとしても、心構えは典座と同じにすべきである。『禅苑清規』に言っている。「二時の粥飯の支度には、細かいところにまで心を配り、豊かでなければならないし、修行僧たちが修行に必要な四事の供養も、事欠くようなことのないように。釈尊が寿命を二十年縮めて後世に残してくれた恵みは、子や孫を覆い守ってくれており、白毫の光の一分の功徳も、私たちは用い尽くせない」。したがって、「ひたすら修行僧に仕えることを考え、貧乏など心配することはない」「もの惜しみをするような小さな有限の心がなければ、自ずから無限の福徳が備わってくる」とも言っている。これこそが、修行僧に対する住持たる者の心構えである。

典座のあるべき姿は、伝え聞いた昔の典座のことや道元自身が中国での修行中に阿育王山の老典座や天童山の典座が身をもって教えを示してくれたことなので、いまでも瞼に浮かぶようであり、耳に聞こえてくるようでもある。だから、時に学んできたことを記録として文字に書き残し、あるいは自ら実行することで残すこともある。それはまさしく、釈迦自身が身をもって示し、変わることなくいまに伝えられる仏の教えそのもの。

だから、禅院の最高責任者である住持職（粥飯頭）となり、寺を統括する役割を担ったとしても、その心構えは典座と同じでなければならない。その心構えとは、いかに修行僧に使えるかということである。たとえば、朝の粥と昼のご飯の支度を行なうに際しては、細かいところにまで心を配り、食材にも季節のものを取り入れたりするなど、修行僧が楽しく食べられるように工夫をして、身も心も豊かなものにすること。また、修行僧たちが修行に必要な飲食・衣服・臥具・医薬の四事の供養も、事欠くようなことのないように心がけることである。この修行僧を思いやるという行為を通じて、お釈迦さまが百歳の寿命を二十年縮めて後世に残してくれた恵みに少しでも応えようとするものではあるが、それでも仏の子として生まれてきた私たちを覆い守ってくれているお釈迦さまの恩恵の一分すらも、私たちは報いていない。

したがって、住持職にある者は、ひたすら修行僧に仕えることだけを考えていればいいのであって、貧乏などを心配することはない。もの惜しみをするような些細な世間の目を気にしなければ、自ずと善行によって得られる無限の徳が与えられるものだと言う。このような心遣いこそが、典座はもとより、住持職たる者が修行僧たちに対して仕えるための心構えである。

このように道元は、典座の心構えと住持職の心構えは同じであるとしている。住持職としては、食事以外にも、修行僧が日常生活で使う衣服や臥具、医薬品などにも心を行き届かせることが必要で、その心構えは典座と同じだ、と言うのである。

典座は禅院において唯一、料理を作るという行ないによって、人が生きていくうえでの根本を支えている部署である。食べることは、生きていくために必要な最低限の要素である。一方、住持職は、修行僧が修行を続けていくために必要な最低限の生活必需品を揃えることが求められる。それが修行僧を育てていくうえでの典座と住持職との共通点でもあろう。典座という職は、住持職同様、修行僧の生活を支えるためには欠かせない役割を担っているのである。だから両者は食材を求めるために、生活必需品を揃えるために苦労もする。

しかし、そんなことに思い煩うことはない。すべては釈迦の手の内にあるのだから、そんなつまらないこと、些細なことに心を煩わすな、と一刀両断する。そして、典座にしても住持にしても、ただひたすら修行僧のことを思って仕えていればいいのだ、と。そうすれば自ずと福徳は備わってくる、しかも無限の福徳が、と。道元は、いまそこで現に修行している僧のことのみを考えている。また、そのための工夫を考えている。

修行においては、修行僧のみならず、寺住職においても典座にあっても、我執を離れて実践することこそが大切なのである。

典座の修行

道元が抱き続けてきた疑問を解決するための一端を担ってくれた老典座であるが、それはたまたまその老典座に固有の悟りの境地がもたらしたものだったのであろうか。それとも典座という役職がもたらした境地だったのであろうか。

そのためには典座の修行とはどういものであるかを知らねばならない。

『典座教訓』には、「典座の修行」としてつぎのような内容のことが書かれている。

> 其の運心の動用の体為るは、古先は縦い三銭を得て、莆菜羹を作るも、今吾れは同じく三銭を得て、頭乳羹をつくらんとなり。此の事は為し難きなり。所以は何ん。今古は殊劣にして、天地は懸隔す、豈に肩を斉しくすることを得る者ならんや。然れども審細に之を弁肯する時は、古先を下視するの理、定らず之れ有るなり。此の理必ず然あるも、猶お未だ明了ならざれば、卒に思議粉飛すること其の野馬の如く、情念奔馳すること林猿に同じきなり。若し彼の猿馬をして、一旦退歩返照せしめば、自然に打成一片ならん。是れ乃ち、物に転ぜらるるも、能く其の物を転ずるの手段なり。此の如く調和し浄潔して、一眼両眼を失うこと勿れ。一茎菜を拈*と*りて丈六身と作し、丈六身を請いて一茎菜と作すは、神通及び変化、仏事及び利生なればなり。
>
> 已に調え、調え了らば已に弁じ、弁じ得れば、那辺を看、這辺に安く。鼓鳴り鐘鳴らば、衆に随い参に随いて、朝暮に請参、一として虧闕すること無し。

典座が道を求め、心を込めて仕事をする姿は、たとえば、同じ三銭のお金を得たときに、昔の優れた徳のある典座たちは普通の料理を作っていたが、いまの私たちが作るならもっと素晴らしい料理にしてみせると言っているに等しい。それはとても難しいことである。それはなぜか。いまの人は修行をする能力に劣り、昔の人とは天と地ほどの隔たりがある。どうして能力の劣っているいまの人が優れた昔の人と肩を並べることができるであろうか。しかし、事細やかに心を配り、よくよく考えながら仏道に精進するなら、古人を超えることもできるという道理は必ずある。この道理がわからなければ、思慮分別が野原を疾駆する野馬のようにあちこちへと駆け巡り、妄情雑念が林の中を飛び交う猿のように止まることなく奔走するのと同じである。もしこれらの馬や猿が一旦心を内に向けて深く反省することができたなら、自と他を区別する心も自然になくなり、良し悪しを選択する心もなくなり、円満無欠な一つの心になるであろう。これが、下界の事物に影響を受けようとも、心乱されることなく、下界の事物に積極的に働きかけていく方法である。このようにして得た、心と下界の調和、ものの良し悪しを区別する心の清浄潔白さ、現実社会をありのままに見る二つの眼と肉眼では見えない真実を見通す心の目(一隻眼(いっせきがん))を失ってはいけない。一見取るに足らないような一本の野菜を、一丈六尺の仏の身として十分に活用し、また一丈六尺の仏の身を一本の野菜として出現してもらい、これを大切に活用することができるのは、神通力であり、典座の自由自在な働きであり、仏の道を伝えることであり、人に利益を授けることである。

食事の支度がすべて調ったら、手落ちがないように取り揃え、周りをよく見て、食事を置くべきところに置いていく。そして、食事を知らせる太鼓が鳴り、鐘が鳴ったら、ほかの修行僧とともに行動し、朝夕の指導者の教えのどれ一つとして欠席してはならない。

典座の修行とは、心を込めて修行僧のために食事を作ることにある。その場合、創意工夫をすることによって先人が作った食事よりも素晴らしいものを作ることも可能になる、と道元は言う。ここでいう昔の優れた典座とは、具体的には先にあげた潙山霊祐であり、洞山守初であり、唐代末の福建省南安の禅僧・雪峯義存（せっぽうぎそん）である。しかし、それは典座だけに留まらない。もっと広く、多くの先人のことを指していよう。仏教には、釈迦の時代に近いほど、釈迦の聖地に近いほど仏道を修行する能力（機根）があるとする考えがあり、時代とともに正法（しょうぼう）（仏の正しい教え）、像法（ぞうほう）（仏滅後五百年後の正法に似た法が行なわれる世）と次第に、教法だけが残り、修行したり悟りを開く者がいなくなり、たとえ修行する者がいたにしても、それは本当の修行ではないので悟りを得ることができないような時代が来るとされる。いわゆる「末法思想」である。

しかし、道元は、いつの時代にあっても「事細やかに心を配り、よくよく考えながら仏道に精進するなら、古人を超えることもできるという道理は必ずある」とする。ただ単に過去に存在した先人に思いを寄せるのではなく、現在に生きている者こそが大切だ、と説く。そして、よくよく考えることによって、先人をも超えることもできるのだ、とも。

この、「先人を越えることも可能だ」という考え方はこの時代にあっては貴重である。

では、先人を超えるべく「よくよく考える」とはどのようなことであろうか。

「事細やかに心を配り、よくよく考える」は、読下し文では「審細に之を弁肯する時は」となっている。事を細かく分けて内容をつまびらかにし、自分自身の思いに捉われることなく、仏の道に鑑みてそれらの違いをしっかりと納得すること、ということである。一本の野菜が本来有している栄養分や味わいを活かしてながら工夫して用いることで、修行僧にとってはどのような滋養になるのか、と考えながら食事に創意工夫を加えることで、一本の野菜がいままでよりいっそう美味しく、滋養に満ちたものになる。そうすることによって初めて古人を超えることが可能になる。先人を超えるためにはその工夫が必要である、ということにもなろう。

道元はなによりも体験して得たことを重んずる人であった。

道元に、末法思想はない。今をいかに生きるか、だけである。

こう見てくると道元は、典座という役職を通して悟り（証悟）を得るための方法を説いているのである。宋に着いた道元が最初に出会い、大きな衝撃を受けたのが典座だったということもあろうが、正しく仏道を精進するなら必ず証悟は得られるのである。また、正しい食事を摂ることの重要性を道元は実感したのかもしれない。それは作る者にとってだけでなく、食べる側の僧にとっても重要であった。しかも、修行のあり方を抽象的に説くのではなく、修行を具体的に実行するための方法としてであった。

ちなみに、道元は、食事を作る側から書き著した『典座教訓』と同時に、食事を食べる側からの書

『赴粥飯法』も著している。そこでは食事を摂るときの作法が事細かに述べられ、あくまでも修行の一環としてある、食べるという行為のあり様を具体的に書き著した。

道元の悟り

中国に行った道元は、ようやく探し求めた師・天童如浄（一一六三〜一二二八）の許で約三年間修行する。

如浄はよく「参禅すべからく身心脱落なるべし」と説いた。参禅とは坐禅のこと。身心脱落とは、身も心も一切の束縛から抜け落ちて、大悟の境地に至ること。

道元は、坐禅とは身体も心も使い抜いていながら自分には使っているという意識がなく、その意識を超越しているということ。そのときは、なにを考えることもせず、「無」の状態になっていると理解した。

そして、そこで得た修行のあり方が「只管打坐」（坐禅とは、ただ坐ること）である。僧堂に坐して只管打坐し、無の境地になることであった。それは、頭で考えて理解することによって、悟りは得られるということに対するアンチテーゼである。道元は、悟りとは頭で考えて得られるものではない、と説く。頭で考えることは、「知覚分別であって弁道ではない」、と。

弁道とは、仏の道を精進した結果として得られた悟り。

そのためには身体も心も使い抜く。したがって、「身心一如」でなければならない。身心一如とは、身心同一ということ。身体と心とは同一体であり、身体で得た真理が心で得たことになり、心で得た真理が身体で得たことにならなければならない。逆に、真理とは身体でもなければ心でもない同一の真相から出てきているものということになる。「ない」（＝「無」）ところからすべてが出てきているのである。すなわち、真の悟りとは、身体と心とを使い抜いて、身体と心とが一体になる体験をしなければ得ることのできないもの、と道元は説く。

このことを理解した道元は、大悟徹底したとして、天童如浄の印可を得て帰国する。大悟の「大」とは、大小の大ではなく、包含して余すところなくの意味で、大悟とは悟りを超越すること。一般には迷妄を解脱することが悟りであるが、さらにその悟りを超出したものが大悟だという。

帰国に際し、道元は、

「空手（くうしゅ）にして還郷す。故に一毫の仏法なし」

と手ぶらで帰ってきた。これまでの中国留学生が多くの経典や古文書を持ち帰ってきたのとは大きな違いである。さらに、法や悟りなどという仰々しいものも持ってこなかった。まさに「無」で帰国したことになる。

道元の修行は、まず自分を知ることに始まる。そして、それは自分を忘れることに繋がるとする。『正法眼蔵』の「現成公按（げんじょうこうあん）」では、それをつぎのように書き表している。ちなみに『正法眼蔵』は日本語で書かれているので、原文通りに引用する。

仏道をならふといふは自己をならふ也。自己をならふといふは自己をわするゝなり。自己をわするゝといふは、万法に証せらるゝなり。万法に証せらるゝといふは、自己の身心および他己の身心をして脱落せしむるなり。悟迹(ごしゃく)の休歇(きゅうけつ)なるあり、休歇なる悟迹を長々出ならしむ。

仏道がわかるとは自己がわかることである。自己がわかるということは自己を忘れる（自己への執着から離れる）ことである。自己を忘れるとは万法（自己以外のすべてのものごと）から自分が証明されたことである。自分以外のものから自己が証明されたということは、自己と他己の身心の区別を超越して大悟することである。そして一度悟ったならば、悟りの跡＊あと＊もさらに修行を続け、悟ったという跡すらも消し続け、本来の自己に立ち返って、長く長く修行を続けなければいけない。

・万法とは、諸法に同じで、自己以外のすべてのものごと。
・脱落とは、解脱、本来自己を束縛するものはなかったと気づくこと。
・悟迹とは、悟りの迹かた。
・休歇とは、消してなくすこと。
・長々出ならしむとは、長く長く続けなければならないこと。

道元は、自分自身を知るためには、自分への執着から離れること、自分の存在そのものを忘れることだという。自分への執着から離れることによって悟りに至ると説く。その時には、自己と他己とがその違いを超えて一体となった心境にあるのだ、と。しかし、自他が一体となっていること、自分が悟っているということを意識してはいけない。その意識すら忘れて修行を続けることこそが重要だと。
おそらく、道元は、この一節ですべてを言い尽している。
しかし、さらに言葉を連ねて、さらに具体的に述べる。

人、舟にのりてゆくに、めをめぐらして岸をみれば、きしのうつるとあやまる。目をしたしく舟につくれば、ふねのすゝむをしるがごとく、身心を乱想して万法を辨肯(はんけん)するには、自心自性は常住なるかとあやまる。もし行李(あんり)をしたしくして箇裏(こり)に帰すれば、万法のわれにあらぬ道理あきらけし。

人が舟に乗っていく時に、目を岸にめぐらせていれば、あたかも岸が動いているかのように錯覚する。目を舟に向けていると、舟が進んでいることがわかる。これと同じことで、自分自身の身心を乱想していることで万法(自己以外のすべてのものごと)を正しく識別できないものは、自心と自性は不変で常に存在するものと邪見してしまう。そうではない。もし心のこもった修行を行ない、本来のあるべき自分の存在に帰することができれば、万法の真理は明らかになるであろう。

・行李とは、行住坐臥、語黙動静、喫茶喫飯などの起居動作。一切の行為。また、修行の経過・行状。

ものごとは、自分（主体）がどの位置におり、その対象に送る視線によって、見え方が違ってくるもの。自分の乗っている電車が止まっているにも拘らず、隣りにいた電車が動き始めたときに、あたかも自分が乗っている電車が動き出したかのような錯覚を覚えることは誰しもが経験したことのあること。それと同じ認識のあり方としての錯覚。つまり、自らのおかれている環境を正しく認識していないと、誤ったものの見方をしてしまう。自分の置かれている立場を正しく認識するためには、まず自分自身がどのような場に置かれているのかを把握し、本来の自分に立ち返ってものごとを見ることが必要である、と述べている。

そして、道元は、主体（自分）とその環境（置かれている立場）との関係性について説く。

……以水為命しりぬべし、以空為命しりぬべし。以鳥為命あり、以魚為命あり。以命為鳥なるべし、以命為魚なるべし。このほかさらに進歩あるべし。修証あり、その寿者命者あること、かくのごとし。

しかあるを、水をきはめ、そらをきわめてのち、水そらをゆかむと擬する鳥魚あらむは、水にもそらにもみちをうべからず、ところをうべからず、このところをうれば、この行李したがひて現成公按す。このみちをうれば、この行李したがひて現成公按なり。このみち、このところ、大にあらず小にあらず、自にあらず他にあらず、さきよりあるにあらず、いま現ずるにあらざるがゆへにかくのごとくあるなり。

……魚は水があって命があり（生きることができ）、鳥は空があって命がある。鳥があって命があり、魚があって命がある。命があって鳥が生き、命があって魚が生きる。このように魚や鳥という主体と、水や鳥という環境とは不可分の関係にある。この世に生きているわれわれも主体と環境とが不可分な関係になるように推し進めるべきである。寿命あるそれぞれの者があるべき本来の姿とは、修行と証悟とを積み重ねていくことにあるのだから。

にも拘らず、人はとかく知識ばかりに走り、実践を疎かにする。水を究め、空を究めてから、水と空を行こうとする鳥や魚がいたとしたら、水にも空にも道を得ることはできない。居場所を得ることもできない。知識に走っているからである。同様に、われわれの一切の行状も、知識や思想を究めてから坐禅修行をしようとするなら、いつまで経っても悟りは得られないだろう。修行の場を得ることができれば、日々の生活における一切の行状そのものがそのまま絶対の真理（現成公安）となる。悟りの道を得ることができれば、日々の生活における一切の行状そのものがそのまま絶対の真理（現成公安）となる。仏法の真理の世界には、大小の区別はないし、自他の区別もない。仏法の真理が前からあったというのでもなく、今現れたというのでもない。仏法の真理は、すべての人が本来的に具有しているものである。

主体とは、生きていることの大切さ、存在していることの意義を自覚すべきものであり、環境は、その主体を活かしてくれる場である。環境とは客体とも考えられよう。そして、主体と客体との関係は、自己（自分）と他己（他者）の関係でもある。自己は他己との関係性なしに、自らの能力を発揮することはできないし、いまある自己を大切にしながら、自らの能力をより活かすことのできる環境を築くために人は学び、修行する。

しかし、人はとかく知識からものごとを習得しようとする。その結果、頭でっかちの人間になってしまいがち。ものごとは、知識や思想を究めてから行なうものではなく、行ないながら自ずと身につけていくもの。実践のなかで培われた知識や思想でなければ意味がない。真に身についたものにはならない。ある環境に置かれたときに、人はその環境に対峙する。そのときに人は、環境に自己を対峙するのではなく、むしろ同化させることによって、自己を無にし、環境と不可分（同一化）できるようになる。

この場合、知識の多い少ないは関係がない。いかに無の境地になって自己を他己とを同一化できるかに仏法の真理を得る術がある。真理というのは、過去や未来にあるものではなく、いま現在に新しく生まれたというものでもない。時に関わりなく、自己と他己とが不可分になっているときにこそある。そのときには、一切の思慮分別を離れ、ただ黙々と坐する(修行に励んでいる)ことによって、人が本来もっている仏性が現れ、平安な状態にいられるからである。

道元は、事の後先がなく、自他の区別がない状態に至ったとき、一切の思慮分別から解き放たれ、そこに仏法の真理があると説く。人が本来もっている仏性が現れると説く。その状態こそが、道元が悟りに至ったときの境地である。では、具体的にはどんな状態のときなのか。

自他の区別がない状態とは

坐禅を通して至れるという、一切の思慮分別を離れた境地を語るのは難しい。しかし、道元の教えを芸能の世界で活かしきった世阿弥からならそんな境地を窺い知ることはできるのではなかろうか。

話を世阿弥の役作りに譬えてみよう。

能役者としての世阿弥は、役を演ずるに当たってその役になりきるべく稽古(修業)を積む。その場合、演ずる世阿弥が「自」であり、演ずべき役が「他」である。

世阿弥が役に立ち向かうとき、その当初においては完全な他者として演ずべき役があり、その役に対する自分なりのイメージをもってその他者に立ち向かうであろう。そして、その役を自分のものにすべく稽古を重ねる。いかに自分がイメージした役と一体になれるかを考えながら。その段階では、自他ははっきりと分かれている。演ずる自分(自)と演じられるべく役(他)との間に違和が生じているとも言えよう。それは、自分が役作りに意識をもって望んでいるということでもある。

与えられた役を作るために身体の動きに工夫し、足の運び、手の動き、指の形、そして道具のあしらいなどに意を凝らす。すべての動きをスムーズに運べるように何度も稽古を繰り返す。何日も何日も稽古を重ねるにしたがって、徐々に世阿弥自身が思い描く役に近づいていき、やがて役になりきっていく。自分と役柄における違和感が小さくなっていく。それほど役柄を意識をしなくても、役になりきることができる状態になっていくのである。それは、役を演じようとしている世阿弥と演じられている役とが一つになろうとしていることを意味する。

そしてあるとき、演じている世阿弥と演じられている役とが合致する。その瞬間を改めて顧みてみると、世阿弥は無心で舞っている自分を知る。それは、役を演じているのが世阿弥なのか、演じられている役が世阿弥なのか、が分からなくなるということ。役そのものに世阿弥がなりきってしまい、役そのものが消え失せているのである。役になりきろうとする一切の思慮分別から解き放たれ、役そのものの世阿弥がそこには出現している。それは、その瞬間に至る境地であり、その境地には後も先もない。ただ、今が存在するだけである。

おそらく、世阿弥は、一切の思慮分別から解き放たれて演じる能役者としてのあり方、役になりきって無心で演じる境地を身につける修行のあり方を道元の教えに学んだのであろう。

それは、人が仏の道に適うためにはどうあるべきなのか、と思慮に思慮を重ねた道元の宗教者としての哲学を、芸道者としての世阿弥が芸能の世界に取り込んだ瞬間でもあった。そしてこの世阿弥の修業の方法は、人びとが自分の世界で生きていくのに有効な哲学としてもあり得た。それは、あらゆる職種の修業にも応用できるからである。

とくに、ものづくりに励む職人の修業には、欠くに欠かせない方法でもあった。

なぜ、職人のものづくりに結びつくのか。

例えば、陶工の場合。陶工は陶土を使って作品(商品)を作るのが仕事である。陶工が「自」であり、陶土が「他」である。

陶工は、陶土を利用して作品を作る。あるいは、注文に応じて作品を作る。このときの陶工の思いは、この目の前にある陶土をいかにして自分の思い描いた形(作品)に作り上げるかであろう。まったく別の存在としての自と他である。しかし、陶土を成形している過程で、陶土は自ずと陶工の思い描く作品に形を変えていく。そのとき、陶工は、作品に向き合うときの姿勢、手の構え方、指の位置や力加減、そして、作品である陶土の硬さなどに工夫しながら作業を進めていく。そのときの陶工の心境としては、どのようにすることで自分のイメージ(注文に応じた)通りの作品に仕上げることができるか、との意識を保ち続けているのであろう。そして、何度も同じ動作を繰り返し、スムーズな動作ができるように工夫し、訓練する。作品を完成させようという意識をもちながら。やがて、意識することなく身体が動き、形(作品)に意識が捉われることなく作業ができるようになる。でも、完全に意識をなくすことは難しい。しかし、時として陶工が作品を作っていることを意識しなくなる瞬間がある。作品を作っている自分が主なのか、作られている作品が主なのか、が分からなくなるのである。完全に作品そのものに自己を没頭させているのである。まさに、陶工が作品になりきっている瞬間である。一切の思慮分別から解き放たれている瞬間である。そこには作品と一体化した陶工の姿があるだけ。陶工は、無心に作品を作り続ける。そこに陶工と作品との乖離はない。

人は、無我夢中でものに対しているときに、時としてなんの意識もないままに、ただ手だけを動かしているときがある。否、熟練した多くの陶工（職人）は、その工程を意識することなく、ただ無心に手を、身体を動かしてものを作り続ける。よく「身体が覚えているから」「手が勝手に動いてくれるから」などという言葉を聞くのがそれである。

しかし、この自他が不可分になれる境地に誰しもがなれるものではない。かなりの修行を積んだ者でなければ至れない境地である。そのためには、かなりの年月を修業に励まなければならない。ただいたずらに年月を積んだからといって身につくものではない。

世阿弥は、その修業法を道元に学んだのである。道元の仏道の修行に学んだのである。

道元の宗教は彼岸ではなく、此岸をどう生きるか、いかに生きるべきかの宗教である。あるべき生きる道を求めての修行である。仏性を備えた人間として生きるための修行のあり方を示したものである。中国から帰ってきた道元が、手ぶらであったのは、宗教とは考えるものではなく、実践するためにあるもの、と悟っての帰国であった。無心になって行動することの大切さを伝えることにあった。だから、道元の修行法は、行動にあり、実践のあり方にあった。顔の洗い方から、坐禅の姿勢やあり方、歩き方、顔の洗い方、食事の仕方、身の回りの整理整頓、仕事（作務）の仕方、眠るときの姿勢まで、道元は意識することなく自ずと行なえる所作を修行の第一歩とした。すべての行動に対して、考え、思い悩むことを排除し、意識することなく行動できる生活のあり方こそを、「良し」としたのである。そのためにこそ、修行の基本はある、と道元は説いた。

仏道の修行とは、我執を離れ、自己を忘れることにある。我執を離れることによって、自他の区別はなくなり、無心となることができ、万法と一つになることができる。その結果として、万法そのものとして生かされ、生きることを悟る（証せられる）のである。万法を悟ることによって、自分の身心も他人の身心も超越したものとなり、自他の対立はまったくなくなる、と。

おそらくこれが、道元が宗教者としての出発点、比叡山で抱いた自己に対する疑問の答えであったろう。「本来本法性、天然自性心」という疑問に対する答えである。

自己を知るとは

自己を忘れるためには、まず、自己を知ることからはじめなければならない。

では、その自己を知るためにはどうするのか。『正法眼蔵随聞記』第二の二では、つぎのように述べている。

一日示云、人、其の家に生れ、其道に入らば、先づ其の家の業を修べし、知べきなり。我が道に非ず、自が分に非ざらんことを知り修するは、即非也。今出家の人として、即仏家に入り、僧道に入らば、須く其業を習べし。其儀を守ると云ふは、我執を捨て、知識の教に随う也。其大意は、真欲無也。貪欲無らんと思はゞ、先須離吾我也。吾我を離るゝには、観無常是第一の用心也。世人多、我は元来人に能と言れ思はれんと思ふ也。其が即よくも成得ぬ也。只我執を次第に捨て、知識の言に随いゆけば、昇進する也。「理を心得たる様に云へども、しかありと云へども、我は其の事が捨得ぬ。」と云て、執し好み修するは、彌沈淪する也。
禅僧の能く成る第一の用心は、祇管打坐すべき也。利鈍賢愚を論ぜず、坐禅すれば自然に好くなるなり。

ある日道元はこんな譬えをした。ある専門の家に生まれた人が、その道に入ったなら、まずはその家の専門についての修行をしなければならない、と知ることである。専門の家に生まれた者だからと、自分自身の道を一から歩むのではなく、すでに知っているかのように自分の分にあまることを身につけようとすることは誤りである。いま、出家者として仏門に入り、僧の道に入ったからには僧としての修行をしなければならない。出家者の儀を守るとは、自分本位の我執を捨てて優れた師の教えに従うことである。そのもっとも大切なことは貪欲な心をなくすことである。貪欲の心をなくすためには、まず我執を離れ、自分本位の考えを捨てなければならない。その我執を離れるには無常（すべてのものは移り変わって一定の状態であるものではないということ）をよくよく知ること、これが第一の心得である。世間の人の多くは、自分はもとより他人からも立派な人だと思われようとするものだ。その心があるから立派な人になれないのだ。ただひたすら我執を捨て、優れた師の言葉にしたがって修行すればしだいに仏道に通じていく。「あの師は道理を心得ているように言うが、自分にはその言葉に随うことができない」と言って、自分に執着しながら修行をしても、ますます迷いに落ち込むばかりである。

立派な禅僧になるための第一の心得は、只管打坐にある。生まれつき鋭い者も鈍い者も、賢い者も愚かなる者も、坐禅をすれば自ずと立派になれる。

道元は、僧として生きていくための修行は、まず規則を守ることにあると言う。その規則とは、我執を捨てて、師の教えに従うことである。その我執を捨てるには、「あれが欲しい、これが欲しい」とか、「ああなりたい、こうなりたい」などという貪欲な心をなくすことが大切だとする。その貪欲心を捨てるには無常を知ることが必要であるとする。

この世の中はつねに移り変わっているものだから、人間が置かれている状態はつねに変わっていくもの。いま自分が置かれている状態もつねに変わっていくものであり、いまの状態が明日にはどう変わるかわからない。明日のことを思い煩っても仕様のないこと。自分の生命や欲に執着していてはますます心の迷いは大きくなるだけ。確かなことは、いまこの瞬間に存在している自分なのであり、いまの自分がすべてなのだということである。いまのこの瞬間に過去も未来も存在し、いまこの瞬間に永遠が存在している。だから、いまこの瞬間を大切に生きなさいということになる。これが無常を知るということである。

そして道元は、無常を知り、立派な禅僧になるためにまずなすべきことは、ひたすら坐禅をすること、と説く。人間は利鈍賢愚にかかわらず、坐禅さえすれば自ずと仏の道を全うすることができる、と言う。

これと同じことは『正法眼蔵随聞記』のほかのところでも言っている。その第一の十三では、つぎのように述べている。

示云、仏々祖々、皆本は凡夫也。凡夫の時は、必ず悪業もあり、悪心もあり、鈍もあり癡（ち）もあり。然ども。皆改ためて、知識に従がひ、教行に依しかば、皆仏祖と成りし也。

今の人も然るべし。我が身をろかなれば、鈍なればと、卑下することなかれ。今生に発心せずんば、何（いずれ）の時をか待べき。好むには必ず得べき也。

どんな偉大な仏祖であっても、祖師であっても、元はたんなる凡夫（迷いのなかにいる人）であった。凡夫のときには悪行も行ない、悪心もあり、鈍であり、癡（おろ）かでもあった。しかし、みな心を改めて仏道に入り、優れた師の教えに随い、修行をしたことによって、仏祖になることができたのである。いまの人も同じである。自分は愚か者だ、鈍な者だと自らを卑下してはいけない。この世で仏道を志さずしていつ発心しようというのか。強いて修行に励めば、いつの日にか必ず仏道を完成することはできる。

「仏祖もたんなる凡夫であった」と言い切っている。しかも、凡夫だったときには悪行も行なうような救いようのない人間だった、とも。これは仏祖といえども、元来はただの人間でしかなかった。だから、いまの人も、愚かだ、鈍だ、と自分を卑下してはいけない。どんな人間であっても、優れた指導者の許で、真剣に修行を行なえば正しい仏の道を会得することができる。さらに言うなれば、仏祖となれる、とまで道元は説いているのである。

坐禅とは無心でいること

道元は言う、禅僧が第一に心すべきことは「只管打坐」、ただひたすら坐ることである、と。そして、坐禅さえすれば、利鈍賢愚にかかわらず、自ずと仏の道は成就することができる、と。その仏の道に成就するとはどのようなことであろうか。

道元は『弁道話』の冒頭でつぎのように説いている。

諸仏如来、ともに妙法を単伝して、阿耨(あのく)菩提を証するに、最上無為の妙術あり。これたゞ、ほとけ仏にさづけてよこしまなることなきは、すなはち自受用三昧、その標準なり。

この三昧に遊化するに、端坐参禅を正門とせり。この法は、人々の分上にゆたかにそなはりといゑども、いまだ修せざるにはあらはれず、証せざるにはうることなし。はなてばてにみてり、一多のきはならむや。かたればくちにみつ、縦横きはまりなし。諸仏のつねにこのなかに住持たる、各々の方面に知覚をのこさず。群生のとこしなへにこのなかに使用する、各々の知覚に方面あらわれず。

いまおしふる功夫弁道は、証上に万法をあらしめ、出路に一如を行ずるなり。その超関脱落のとき、この節目にかゝはらむや。

もろもろの仏や如来から弟子へ、その弟子がやがて師となり、師から弟子へ、師から弟子へと幾年月にわたって正しく伝えられてきた仏法。その仏法が正しいものであることの証（標準）となるのが「自受用三昧」である。そして、この自受用三昧に入るための正門となるのが「端坐参禅」である、と道元は説く。

自受用三昧とは、仏陀が自ら悟った法楽を、自らが受け、自らが用いて純粋に貫く態度のことであり、坐禅を通して仏陀が悟った境地に至れるもの。法楽とは、善法を行なうことで悦楽の心境に至ること。そして、この法楽はすべての人びとに十分に備わっているものとは言え、修行をしていない者には現れないし、悟りを得ていない者には体験することができない。しかし、悟りを得たものに対しては、法楽は時間的にも空間的にも際限なく満ち満ちているものであり、そこにはもろもろの仏も住んでいるという。

仏道に精進して悟りを得ることで、人びとは最上の知恵と真理を獲得することはできる。

しかし、正伝の仏法とは、悟りを得ることを目的として修業する坐禅ではない。修行そのものが悟りの姿なのである。

これが「修証一如」、あるいは「修証不二」である。

すなわち、道元にとって坐禅とは、悟りの姿そのものなのである。

「本来本法性、天然自性心」とは、生まれながらにして仏として悟りを得てきた人間が、正しい人間として生き続けていくためには、ふだんの精進が必要であるということであろう。その精進している姿そのものにこそ、生まれてきたときに備えてきた真の人間としての仏の姿が現前していると言うのであろう。

この道元の説く修行は、そのまま職人の修業に結びつく。

かつて百六歳で示寂された永平寺第七十八世貫首の宮崎奕保(えきほ)禅師(一九〇一～二〇〇八)とお話をする機会があった。そのときに、こんな質問をしたことがある。

「道元禅師の言う修行とは、たとえば、ピアニストがピアニストとして活躍を続けていくためには、毎日の厳しい練習をし続けなければ腕が落ち、ピアニストでいられなくなる、ということと同じことと考えてよろしいのですか。よく一日練習を休むと、それを取り戻すために三日間は厳しい練習をしなければならないと言われますが、休み、怠ることは僧侶の修行においても当てはまることですか」、と。

するとき宮崎禅師は、こうおっしゃった。

「わしは、宗教家だからピアニストのことはよくわからんが、おそらく同じことと考えてもよかろう。人間は怠け者だから、修行を怠っているとすぐに邪な心が入り込んできて、堕落してしまう。これではお釈迦様の弟子として生きていくことはできん。だから、修行僧が不断の修行をすることはもちろんのこと、悟った後にも修行を続けることが必要なのじゃ。また、坐禅といっても、坐っているだけが坐禅じゃない。歩いているときも坐禅じゃ、食べているときも坐禅じゃ。仕事をしているときも坐禅じゃ。そのときそのときを一所懸命に生きておるということじゃ。スリッパをきちんと脱ぐのも坐禅じゃ。スリッパもきちんと脱げない者は、修行僧としては失格じゃ」

坐禅とは、無心でいること。無心になることで、雑念を払うことができ、邪悪な心を断ち切ることができる。そうした「真っ直ぐな心」を常に保っていられるように修行することが僧としての本分である、と。それは、僧として、人として、日々を心穏やかに生きていくための最低の条件であった。

宮崎禅師の言う、「歩いているときも、仕事をしているときも坐禅じゃ」とは、われわれにとっての職業としての仕事に通じる。文字通り、坐している時だけが坐禅なのではない。歩いているときに、人は無意識に歩を進める。仕事をしているときにも無意識のうちに段取りにしたがって作業を進める。何も考えずに作業に励んでいることもある。いわゆる、仕事に没頭しているときである。それが、仕事をしているときには、無心であることが大切だということであり、無心でありながら仕事に専念できる心が基本だということである。

その無心でいられるようになるために、日々の仕事の積み重ね（＝修業）がある。

人はその仕事を怠けることで、段取り通りに作業を進めることができなくなってしまう。まさに、ピアニストが、能楽師が、職人が、精進を重ね、自分の技が落ちないように不断の修業している姿である。

しかも、師と弟子のあるべき関係も共通している。

優れた師とは

師から弟子へと正しく仏道が相伝されなければ、弟子は悟りを得ることもできないことになる。では、修行をするときに得るべき「優れた師」とはどんな師か。道元は、『学道用心集』で、その師とはこういう人だと定義する。

正師に年齢は関係ない。若くても正法を明らめて正師としての印可を受けている人であればいい。学問に先走って早合点することなく、一切の対立を超越してものごとを見通せるだけの偉大な力量があり、迷悟凡聖などの情に流されない気概に満ちた精神を所持し、我見によって弟子を依怙贔屓することなく、思慮分別に滞りがなく、学問と修行とが一致（知行一致）している人、これが正師である。

正師になるのは難しい。

われわれ凡人にはとうてい無理である。

しかし、このような指導者に随うことによって、人は正しく仏道を歩むことができるのである。否、仏道だけに限らずさまざまな分野に当てはまることであろう。

先の『正法眼蔵随聞記』第二の一節「人はある専門の家に生まれ、その道に入ろうとするなら、必ずその家の仕事を修行しなければならない、と知ることである」とあるが、その専門の家に生まれた子どもが同じ専門の道を歩みはじめると、親と子の関係は「師」と「弟子」の関係に変わる。

ちなみに曹洞宗において禅院の子どもが出家すると、子は親を師として崇め、親は子を弟子として厳しく鍛えるようになる。たとえば、親・貴ノ花と子・若乃花・貴乃花兄弟の例がそうであった。それまでは普通の親と子の関係であったものが、兄弟が親と同じ角界に入ると決断した途端に、この親子関係は師と弟子の関係に変わった。親と子の関係は断絶するのである。この図式は、能や歌舞伎などの世界で、何歳かでその道に歩むことを志した途端に、親と子の関係を離れて、師と弟子の関係になるのと同じである。

さらに、道元は師と弟子の関係は、お互いが目の当たりに相対して教えを受ける「面授」でなければならないとする。それは、師が弟子に伝えることは、言葉によるものだけでなく、行ないそのものによることが多いからである。師の全人格が教えの対象となるから、言葉では説明できないこともたくさんある。見ることを通してでしか伝えられないことがたくさんある。

師が何を見ているのか、師が何に感じ入っているのか、師がどんな動作をしているのか、などと師は言葉以外のことで実に多くのことを伝えている。やがてそれが、以心伝心としての関係に育っていく。

というよりも、僧院においてはほとんど会話がない。すべてが約束事に則って無言のうちに進んでいく。したがって、否応なく禅院における決まりごとを身につけるには、師の傍にいて、師の先例を見ながら随うしか学びようがないのである。

道元の教えは極めて伝統主義である。

先人の行ないをそのまま真似ることに修行があり、釈迦の教えが正しく教え伝えられていまに至っているとする。釈迦の教え然り、道元の教え然りである。その教えは文言だけに留まらない。弟子は、師からさまざまなことを学ぶに際し、動作も学ぶ。面授で学ぶのだから、弟子が師の動作を真似るのは当然である。

しかし、師の動作を真似ることは容易ではない。

師の動作には無駄がないだけでなく、きびきびとしていて迅速である。慣れない者にはその動作についていくだけでも大変である。そして、その動作には清浄感が漂い、美しくもある。美しくあることを意識はしていないのだろうが、滞りなく移り行く動作は美しい。

その滞りのない動きを道元は重んじる。

禅僧の一つひとつの動作そのものが仏行（ぶつぎょう）である。

不断なく動作が連動していくためには、すべての動作が身についたものでなければならない。道元にとって、坐禅とは坐っているときだけではなく、歩くことも、食べることも、作務（作業）をすることも坐禅である。生活のすべてが仏行である。禅僧の姿が仏法という身になってそれぞれの勤めをし、生活をするとき、知らず知らずのうちにも仏の「法」が現れ出るとしたからである。したがって、つねに形と心が一致することが求められた。

つまり道元にとって、師としての教えとは、自分（師）の行動のすべてを通して、無言のうちにも弟子に身体の動きと心の動きとが一致することの大切さを伝授していくことである。

規律を身につけるとは

道元は、禅僧の動作を逡巡なく行なうための規律（清規）を示した。それは、衣食住のすべてにわたっての規律であった。

朝起きての洗面から、歩き方（進退）、坐禅の姿勢、食事の作法、挨拶の仕方（問訊）、配経（経本を僧に配ること）・読経の姿勢、作務の仕方、そして、就寝に至るまで、事細かにあるべき姿を書き記した。

たとえば、坐禅の姿勢について『普勧坐禅儀』ではつぎのように述べている。

> 平常、坐禅するところには厚く坐褥を敷き、そのうえに坐蒲を用いる。坐る姿勢には結跏趺坐と半跏趺坐の二通りある。結跏趺坐とは、まず右足を左の腿の上におき、左足を右の腿の上におくのである。半跏趺坐とは、ただ左足で右の腿を押さえるだけである。着物をゆったりと着、帯を締めて、きちんと身なりを整えるべきである。つぎに右の手を左の足の上におき、左の掌を右の掌の上において両方の親指が向き合ってお互いを支えあうようにする。これが正身端坐である。その姿勢は前後左右のいずれに傾いてもいけない。それには、耳と肩、鼻と臍とが真直ぐに対し合い、舌は上顎につけ、唇と歯は結び、目は必ずつねに開いて、鼻息をかすかに通うようにしなければならない。このようにして体勢が整ったところで、一息にフーッと息を吐き出し、一度身体を左右に揺すぶり、動かざる山のごとくに身体を安定させて坐り込み、思慮分別を超えたところを思量するのである。それはどのようにするかといえば、思量をなくすることではなく、思量を超えた智の働きを現していくことである。非思量、これが坐禅にとっていちばんの要訣である。

道元の説明はじつに具体的である。足のおき方、身なりの整え方、手のおき方、正しい姿勢の点検の仕方、舌の位置、歯と唇、目の位置、呼吸の仕方などが事細かに説明されている。それはだれしもが行ない得る坐禅のあり方である。

食事をする際の食器の並べ方についても、やはり具体的に記述している。『赴粥飯法』にはつぎのようにある。

鉢を展げる法。まず合掌し、鉢を包んでいる袱紗の結びを解き、そこに掛けてある布巾（鉢拭）を取り上げて折り畳んで小さくする。小さくするとは、横に半分に折り、さらに縦に三重に折ることである。布巾は横にして頭鐼（頭鉢）の後ろ（つまり手前）に置き、しばし匙筋袋を待つ。この布巾は長さ一尺二寸（約三十六センチ、布一幅）である。匙筋袋を畳んだ布巾の上に置き、つぎに浄巾（粥や汁で袈裟を汚さないように膝にかける布）を広げて膝を被う。次に袱紗を開き、まず手前の一角は向こう側へやって牀淵に垂らし、つぎに向こう側の一角を手前に持ってきて内側に折り込む。つぎに左右の角は内側に向けて、鉢の底の辺りまで折り込む。つぎに折り畳んである鉢単を両手で引き開き、右手で鉢単の手前右縁を取って、鉢の上に被せるように置き、左手で下から鉢を取り上げて、鉢単の左端に置く。つぎに両手の拇指を鐼子の内から外に向けて、押し当てながら鐼子を取り出し、小さいのから順に並べてゆく。このとき、音を立ててはいけない。座席が狭い場合には、鉢・頭鐼・第二鐼の三鉢を並べるだけにする（第三鐼は第二鐼の下に置く）。つぎに匙筋袋を開いて、匙と筋を取り出す。いつも出すときには筋を先にし。しまうときには匙を先にする。鉢刷も匙・筋と一緒に匙筋袋に入っている。匙・筋を取り出したら、横にして頭鐼の後（つまり手前）に置く。このとき、匙・筋の頭は左に向けて置く。つぎに鉢刷を取り出し縦にして頭鐼と第二鐼の間に置く。その柄は出生に備えて外に向けて置く。つぎに匙筋袋と折って小さくし、頭鉢の手前の鉢単の下に挿し入れておく。あるいは鉢単の手前に置く。つまり布巾と一緒にして横にしておくのである。

以上が食事のときに用いる禅僧の食器（応量器）の並べ方である。名称が特殊なため読解するのが難しいが、ただ道元の文章から一つひとつの動作を懇切丁寧に説明している姿勢は読み取れよう。鉢拭という布巾を小さく折り畳んだり、袱紗を開いていく際の説明や、鉢を取り出すときの親指の使い方、匙や箸（筋）の出し入れに至るまで、その手順が実に細かく書かれている。つまり、「横に半分に折り、さらに縦に三重に折る」とか、「匙筋袋を開いて、匙と筋を取り出す。いつも出すときには筋を先にし、しまうときには匙を先にする」など。

これらの作法は、釈迦が行なっていたことをそのまま真似て、弟子から弟子へと正しく教え伝えられてきたもの。道元が説く作法とは、釈迦の行なっていたことをそのままいまに行なうことであった。釈迦の行なっていた通りに行なうことが、仏として生まれてきた人間が、人間として生きていくための基本とされてきたからである。だから禅僧は無心にこれらの動作が行なえるよう心がけた。そして禅僧のだれしもが、これら定められた動作を無意識のうちにも滞りなくできるように身につけるのである。

少なくとも曹洞宗においては、道元以降、中国に伝えられてきた釈迦に繋がる先人からの仏行が、延々とそのままの形で守り伝えられてきた。

一事に専念する

先人からの仏行を、形を変えることなく守り続けることが、禅僧にとっての修行なのではない。道元が動作のあるべき姿を定めたのは、動作に惑うことなく仏道に精進するために、である。禅僧のあるべき形が身につくことによって、初めて仏道に精進できるからである。一つひとつの動作にまごついていているようでは、仏と向き合うことすらできまい。したがって、仏の道を志した者は、まず一連の動作をしっかりと身につけ、然るのちに仏道に精進できるとされたのである。

しかし、仏道に精進するに、多くのことを学ぶ必要はないと言う。

道元はさまざまな箇所で同様のことを言っているが、たとえば『正法眼蔵随聞記』の第二の十一にはこうある。

> 人は、世間の人も、衆事を兼学して、何れ(いず)も能(よく)もせざらんよりは、只一事を能して、人前にしてもしつべきほどに学すべき也。況や出世の仏法は、無始以来修習せざる法也。故に今もうとし。我が性も拙(つた)なし。高広なる仏法の事を。多般を兼れば、一事をも成(じょう)ずべからず。一事を専(もっぱら)にせんすら、本性昧劣の根器、今生に窮め難し。努々(ゆめゆめ)学人、一事を専にすべし。

人は、俗世間の人でも、多くの知識や学問を兼学して、どれも身につかないというよりもただ一つのことを学んで、それを人前に出しても恥ずかしくないほどに学ぶべきである。まして、俗世間を出た僧侶における仏法は、永遠の教えであって簡単に修学できるものではない。そんなことでは真の仏法を身につけることはできないし、そもそも生まれつき自分の能力も劣ったものである。この高広な仏法を知るために多方面のことを行なっては、仏法の一事すら身につけることはできまい。一事を専ら学んでも生まれつき能力の劣っているわれわれには生きている間に究める尽くすことはできないだろう。仏法を学ぼうとする者は必ず一事に専念すべきである。

「二兎追うものは一兎も得られず」「虻蜂取らず」の譬えのごとく、一つのことを究めることの大切さを道元は説いている。そして、ほかのところで道元は、仏法を学ぶうえで知識や学問はいらないとも言っている。しかし、知識や学問はすべてが必要ないわけではない。

道元は徹底した体験論者でもある。

頭で考えて形作られた学問や知識は不必要だと言っているのである。『正法眼蔵随聞記』第二の三では、

示曰、広学博覧はかなふべかざること也。一向に思ひ切て留るべし。只一事に付て、用心故実

をも習ひ、先達の行履をも尋て、一行を専はげみて、人師・先達の気色すまじき也。

知識や学問を広く学ぶということはかなわないことである。いっそのこと思い切って止めるべきである。ただ一事について修行した故人の態度や心がけは学ぶべきである。故人の足跡は訪ねるべきである。そのような指導者は一行に徹して精進努力してきた人だから、自分が先輩だという様子を見せるはずがない。

体験を重視する道元は、知識や学問だけを学んできた人の言うことは聞く必要がないと説く。しかし、一つのことを真摯に実践してきた人、一行に徹して修行してきた先人の言葉や行ないは大いに学ぶべきである、と。それは、その人の確かな体験に基づいた知識であり、行ないだからである。道元は、体験を通して築き上げられた知識や学問は認めたが、頭だけを働かせて構築された、机上の知識や学問の体系を認めなかった。生半可な知識が増え、事が多くなることで、煩いが多くなり、迷いが生じるからである。

そして、道元の言う「専念すべき一事」とは、坐禅である。『弁道話』に言う。

宗門の正伝にいはく、この単伝正直の仏法は、最上のなかの最上なり。参見知識のはじめより、さらに焼香・礼拝・念仏・修懺（しゅさん）・看経をもちゐず、たゞし打坐（ちょうざ）して身心脱落することお（を）えよ。

・修懺とは、自分の犯した罪を仏祖に懺悔すること。

道元は、仏教における基本的な務めとされている、焼香や礼拝、念仏、修懺、看経などに対しても、正しく伝えられてきた仏法では、そのはじめからは行なわれては来なかったとし、坐禅をして身心脱落することだけを心得るべきだと説く。坐禅一事に徹すべきだ、と。

まことに、一事をことゝせざれば一智に達することなし

たった一つの事にも専念できない者が、どうして一智に達することができようか、と雑念を取り払って修行に専念することを求める。

まさに、一つの事柄に徹することでしか、その道の達人にはなりえないのであり、仏道を生きる人としての歩みに敵っていない、と説く。

宗教者道元については、もっと語るべきことが残されているが、ここではこれ以上立ち入る必要はない。ここで明らかにしなければならないことは、道元が中国からもたらした宗教について語ることではなく、道元が鎌倉時代の日本社会にもたらした「学ぶこととはなにか」「修行（業）することとはなにか」について外観できれば十分だからである。

しかし、道元が書き著した『正法眼蔵』については触れておきたい。

日本語で書く意味

道元は『正法眼蔵』を日本語で書いた。

当時のほかの宗教家（法然、親鸞、栄西、日蓮など）の書物が、すべて漢文で書かれていることからすると異質である。

それは、道元自身が体験してきたことを客観化して文字に表わそうとした姿勢と関係があろう。禅を通して学んだこと、体験したことを他人に伝えようとしたとき、道元は散文としての日本語での記述を選んだのであろう。

道元の思想の構造を端的に要約した『弁道話』（一二三一年刊）を入れるかどうかはさておき、その主著『正法眼蔵』は一二三三年以来、道元晩年の一二五三年まで書き続けられた書である。その数、九十五巻に及ぶ。

道元は自らが得たさまざまな体験的事象と、仏祖・古人の言葉などを巧みに織り交ぜながら仏法の本質に迫るべく『正法眼蔵』を書き綴った。したがって、その内容は非体系的である。しかし、非体系的ではあるものの、仏法の本質を明らかにするためにさまざまな例証を引用し、言葉を替え、次元を異にしながら本質に迫っていく道元の文体は、具体的であり、簡にして要を得ている。

道元自身は『正法眼蔵随聞記』の第三の九で、文章を書くときの心構えとしてつぎのように述べている。

語言文章はいかにもあれ、思ふまゝの理を、つぶつぶと書きたらば、後来も、文章わろしと思ふとも、理だにもきこへたらば、道の為には大切也。余の才学も是の如し。

文章は思ったことを片っ端からこまごまと書くのがよい。体裁が悪い、見た目がよくないなどと思われても、意味さえ通っていればそれでいいのだ。書く目的が読者のためにあるのではなく、道のためにあるのだから。私が学んで得た知識もこんなものだ。

最後の一文は道元自身のことを謙遜して述べたものとしても、道元自身の文章は決して体裁が悪くも、見た目に悪くもない。また、漢文に疎かったわけでもない。道元は、幼いころから漢籍に読みふけっていた人で、むしろ漢文には長けていた。

『正法眼蔵』の道元は、道元自身の禅体験を言葉によって客観化しようとしたものである。そして、体験して明らかになったことをこまごまと書き綴るには、漢文よりも日本語が向いているとしたのであろう。漢文で表現することによって可能になる美辞麗句を排除し、必要以上に抽象的な文章にならないように配慮しながら、仏の道を説こうとした。

したがって、そこに書かれている文章は、決して論理的ではなく、内容的な繰り返しは多い。

しかし、説得力はある。

道元の文章の魅力は、一つのことを説明するために、異なる事象や体験の質を繰り返し引き合いに出しながら、徐々に核心に迫っていく手法にある。

その一つのこととは、言うまでもなく「仏法の本質」である。

そして、道元は中国から伝来した仏道を日本語で書き表すことによって、日本語の新たな可能性を引き出したのであった。また、日本語で書くことによって仏道をより日本人になじみの深い教えにすることができたのである。

現世を生きるための教え

道元が生きた鎌倉時代は仏教のあり方を大きく変えた時代でもあった。それは、従来の仏教のあり方が、国の安泰を守る「鎮護国家」仏教であったことから、個人の安寧を守る仏教へと大きく変容したことを意味する。

その変化に大きく寄与したのが、法然・親鸞の浄土宗・浄土真宗であり、日蓮の日蓮宗である。

親鸞（一一七三〜一二六二）は、阿弥陀が人間を救おうという「本願」は、人間の努力によるものではないと「他力本願」を説いた。それは、浄土に行くことを信奉する、彼岸性の強い教えだった。日蓮（一二二二〜八二）は、国家が法に奉仕すべきであって、法が国家に奉仕すべきでないと、仏教を国家の上におくべきことを主張した。日蓮は、それまでの浄土を求める彼岸的な思考ではなく、この世（此岸）のあり方を説いた。それは、国家のあり方として、仏教の法を中心とした社会であることを求めたのである。

この点、道元が説いた禅宗は、社会のあり方を問題にはしなかった。僧侶としての自分の生き方に限定し、その生き方を問題にした。その行動や思考が釈迦と同じであることを求めたのである。その意味において、道元の考えは、自力的であり、此岸性の強い教えである。

十二世紀末から十三世紀に中国大陸から禅宗を輸入したのは栄西（一一四一〜一二一五）だと言われている。中国で発展した禅宗は、厳しい戒律を守ることに一つの特徴があった。栄西がもたらした臨済宗でも戒律を守るべしとした。しかし、栄西はそれまでの天台宗、真言宗の教えに、禅宗の戒律を守るべきことを加えただけで、平安朝仏教の「鎮護国家」の考えと変わりはなかった。天台・真言の教えに、戒律を厳しく守る禅宗の教えを加えることが、より国家の安寧に寄与するとしていたのである。

それは、親鸞や日蓮が教義上において旧来の仏教と鋭く対立したのとは異なるものであったが、やはり天台宗からの激しい非難は受けた。

曹洞宗の開祖道元は、浄土真宗の念仏を唱えていれば浄土にゆけるという「易行」に対し、禅院での戒律を厳しく守る「難行」を唱えた。それは、「他力」に対しては「自力」を説き、「彼岸」に生きることより「此岸」に生きることを説いたことになる。悟りを得たものが浄土にゆけると説いたのではなく、修行している姿そのものが悟りの姿であり、いまこの瞬間を生きることの大切さを説いた。

それは、すでに何度も述べてきたように宗教者道元の出発点が「本来本法章、天然自性身」という教えへの疑問にあったことに関係しよう。

それは、われわれ人間は、法の現れ、すなわち真理の現れであり、そもそも仏の知恵と徳を備えて生まれてきた。そんな存在であるにもかかわらず、親兄弟姉妹、妻子との関係を断ち切って、厳しい修行をするのはなぜだろう、という疑問である。そして、その答として、人間はとかく堕落してしまいがちな存在。その弱い性格に打ち勝つためには、日々の生活が釈迦（仏）と同じであることが望ましい、であった。

それは仏と同じように生きることであり、仏として真摯に生きる術である。

そのためには、あらゆる生活の規範が正しく行なわれていることが基本であり、生活のあり方に迷いのないことが大切である。一旦、この生活規範を怠ったり、乱したりすると、元の正しい生活規範に戻るに、怠った期間の数倍の日数を要するという。

そして、すでに述べてきたように、道元は修行の基本はただひたすら坐ること、すなわち只管打坐、ただこの一事にあるとし、坐禅をしている姿こそが仏の姿＝悟りの姿であるとした。したがって、坐禅という体験を通してしか悟りはあり得ないのであり、一度悟りを得たからといって坐禅を必要としないわけではない。

これが道元の言う「修証一如」である。すなわち、「修」とは坐禅のことであり、「証」とは悟りのことである。

しかし、道元が言う、この「坐禅とは、坐ること」という言葉を、言葉通りに考えてしまうと、事は僧の世界だけに留まってしまう。

この一言の意味を「坐禅とは、無心になること」と説き明かしてくれたのが、先にも紹介した宮崎奕保禅師である。無心にあって、歩き、食事をし、作務を行なうなどが坐禅。それらの技（動作）を無心に行なえるように身につけることが修行。これらの行ないを、迷いなく無心に行なえることが悟りの姿だ、との教えである。

「坐禅」という言葉が、ただ単に「坐ること」を離れ、生活に活かされる言葉になった。僧侶以外の人びとにも活かされるものとなった。

言葉を換えるなら、修とは身体のことであり、証とは心のことである。「悟り」とは、この身体と心が一体となったときに初めて得ることのできるものなのである。

この体験を重んずることが、道元の思想の基本である。

卑近な例で説明してみる。

先にも例に挙げたピアニストである。

ピアニストは、自分がピアニストとしてあるために日々練習に明け暮れる。自分がいま取り組んでいる作曲家の意図を読み込み、作曲家の思いになりきろうと思いつつも、そこに自分の思いをも重ねようとしている。身体全身でその思いを表現しようとする。曲想を意識しながらも、無心に身体で表現することに努めているのである。やがて、それほど意識することなく、身体と心とが一体になりそうになる。演奏として、完成の域に近づきつつある段階に至ったことを意味しよう。しかし、この段階に至ったところで、なにかの理由で練習ができない日ができてしまう。すると、以前のような身体と心の一体感は薄れてしまうという。いわゆる、腕が鈍ってしまうのである。さらに、練習を怠り続けると、身体と心はバラバラになってしまう。それは、練習を怠ることで、身体と心を維持する能力が衰え、ピアニストして存在することすら危うくなってしまうことをも意味する。

そして、多くのピアニストは言う。

「一日練習を怠ると、その技術を取り戻すのに三日を要する。それほどに、ピアニストであるということは過酷なもの。毎日怠ることなく練習を続けることが、ピアニストがピアニストとしてあり続けるための必須条件である」と。

同じようなことは、多くの職人も口にする。ある一定の技術や精神状態を維持するためには、日々の作業を続けることが大切なのだ、と。

それは、運動選手が成績を維持するために、否、成績を伸ばすために日々血のにじむような練習を繰り返しているのと同じであろう。例えば、大リーグでの活躍を続けてきたイチロー（鈴木一朗）の日々のあり方を思い起こして欲しい。毎日、同じ時間にグランドに入り、同じ練習を繰り返すことで、自分の技術と精神状況（メンタリティ）を保ち続けている。彼の場合には、体調を同じ状態で維持するために、朝食の内容も同じだという。よく例に出されるのが、毎朝、朝食にはカレーライスを食べる、というエピソードであるが。

おそらく、道元も同じことを思っていたのであろう。

弱い存在である人間は、いったん日々の修行を怠ってしまうと、すぐに人間として堕落してしまう。せっかく人間としてこの世に生れることができたのに、人間であることを放棄してしまうことにはなりたくない。だから、人間であり続けるためには、日々の修行が大切なのだ、と考えたのではなかろうか。そして、日々の行動が無意識（無心）のうちにも人間として恥ずかしくないものになることの必要さを説いたのであろう。

頭だけで考えることは、真の思考にならない、真の修行にならない、としたところに宗教家道元の特徴がある。

そして、その真の修行に励むという姿勢を確立したことこそが、この世を大切に生きるという死生観を日本社会にもたらしたと言えよう。それは、いままでの日本人の生き方を根本的に変えたものだったのではなかろうか。それは、浄土に行くために現世をいかに生きるかではなく、現世をよりよく生きるためには何をすればよいのかということであった。

しかし、その現世をよりよく生きるための修行は、いまだ出家者、禅僧の間にしか受け入れられないものであった。現世で生きていくために欠かすことのできない職業をはじめ、さまざまなこの世のしがらみを捨てて不断に坐禅し続けることは、一般の人にはできないことだったからである。

規律正しい生活とは

道元が説いた規律正しい生活とは、禅僧の衣食住全般にわたる。

修行についた禅僧が行なうことはまず、着服、洗面、食事、就寝などの身だしなみを整えることであり、歩行、挨拶、坐禅などを正しく行なうことである。これらのことは、修行以前、宗教以前のこと。しかし、道元はこれらを正しくできることが、生まれながらに仏性をもってこの世に存在している人間としての基本である、と考えたのであろう。

道元は、日常生活のあり方をじつにさまざまに説いている。

仏祖（釈迦）以来、正しく守り伝えられてきた規律正しい生活を、正しく師に学び、正しく会得し、正しく弟子に伝えていくことが、仏道を歩む者としての基本であるとした。仏祖以来の伝統を守り続けていくことが、仏法を修する者の基本であるとした。その意味では、道元の時代とまったく同じ生活規範がいまに続いている。否、仏祖以来の規律正しい生活をいまの禅僧も送っているとするのが道元の教えである。

そして、人はこの規律正しい生活様式を身につけることによって、どこに行っても迷うことなく振舞うことができた。一人で行動することができるようになれば、集団でも一糸乱れぬ行動するができるようにもなる。同じ規律を身につけているからである。

道元は、禅僧が修行するに先立って、みなが同じ規律を身につけることからはじめた。それは、現世を生きるために必要な心得を身につけることであり、生活の「形」を会得することを意味した。

この世のしがらみを捨てて修行に励もうとする禅僧が、無心になって坐禅を行なうためには、まずこの形を会得することが必要であるとした。修行に専念するための必須事項でもある。無心になるためには心に不安があってはならないからである。この生活上の形を会得することによってはじめて、禅僧はなんの不安もなく禅院での修行に励むことができるのである。また、この形を完全に身につけることによって、そこには自ずと仏の道を歩む者としての心も備わってくるとした。

浄土に行くために念仏を唱えることより、現世をよりよく生き抜くために自らの生活を規律正しくする。自らが努力をして、不安のない日常生活を送れるように精進する。これが道元の求める「自力」である。

道元は、仏道を歩む者（出家者）を対象に自力で歩むことの大切さを説いた。しかし、この不安なく日常生活を送るという生き方は、俗世に生きている者にとっても有効なことである。

道元以前は、乱世にあって、明日のわが身をも知れぬ生命を長らえている庶民は、現世での辛い暮らしを諦めて、来世での平安に求めた。念仏を唱えて死後に阿弥陀さまの許に往けることをただひたすら願った。仏さまが助けてくれる、仏様が慈悲を施してくれるという「他力」に身をゆだねた。しかし、道元は、死後の阿弥陀さまを求めなかった。いま生きている現世を不安なく過ごせる道を求めた。この世こそが仏の世だからである。自らの努力によって規律正しい生活を求めることによって、日々の生活に不安を抱くことなく生き抜くことはできる。自分の修行によって心の平安は求められるとした。自らの努力によって仏の境地になれるという「自力」の道を求めたのである。

この自力の教えは、地方の豪族やしだいに社会に定着してきた一般庶民、とくに職人層にも受け入れられていくことになる。そして道元の教えは、出家者の世界である禅院を離れて、人びとが日常の生活を送っている俗世にも広められていくことになる。

この道元の教えの素地となる考え方、仕事への関わり方が、日本人が古来もっていた精神に合致したものなのか、道元が中国の修行で学び得て日本にもち込んだものなのかは、定かではない。

しかし、道元は、具体的に修行のあり方を語った。また、文字として残した。

本来、人間が生まれながらにして保有している仏性を活かすため、あるいは仏として生きていくためには、日々の努力が必要だ。日々の積み重ねなくして人が仏性をもった人間であることはできない。一人前の人間としてありえない。だから、人が人としてあるために修行は死に至るまで続く、と。

道元にとっての禅は、今の世を生きるための哲学であった。

この道元の生きるための哲学が、芸を生きる世阿弥を通して芸能の世界にも活用されていくことになった。そして、道元の修行に対する考えが、職人世界の修業のあり方に取り入れられ、その後の日本社会に普及していくことになった。

芸能者は、日々の絶え間ない稽古（修業）によって芸（技）を磨がき、職人は、日々の努力（修業）によって腕（技）を磨き、より良い品質の製品を世に送り出すことを可能にした。そこでは、ためらいのない動作が求められた。それは、無心の境地に至ってこそ可能となるものであった。このように、両者は、技を磨くと同時に、心の平静さ（無心でいられる境地）を養うために修業を積み重ねるという点において、僧侶の修行と共通するのである。

しかし、僧侶と職人には違いがある。同じような生き方をしていても現れてくる結果が異なることである。俗世間を離れて生活をしている僧侶の場合には、只管打坐を旨として、その日その日を生きている。明日を思い煩うことなく、日々精進することが僧侶としての務めである。あくまでも、自らの心のあり方に重きが置かれている。したがって、他人からの評価を気にすることがない。糧（利益）を求めるためにということには重きが置かれていない。

これに対し、俗世間で生きている職人（芸能者）の場合には、技を獲得するために厳しい修業を行なう。日々の仕事に没頭しながら精進を重ねた結果、やがて技量がつき、優れた製品を生み出すことができるようになる。修業を通して身と心を養うことによって、思い煩うことなく技に臨め、淡々と励んできたことが形となって現れてくる。その結果として、優れた職人（芸能者）として他人が評価するようになる。その他人の評価の対価として、そこに、糧（利益）が生まれる。日々の精進の結果として利益が生み出されるのが芸能者や職人の世界である。

こうした修業を積み重ねてきた職人たちが、優れた作品を残してきた結果として、逆に修業のあり方が意識され、方法論として確立されてきたのであろう。

これは、当の道元の思いも及ばぬことであったろう。時間的経緯のなかで道元の思いを超えて、その考えが普遍化して社会に浸透していったのである。それが、芸能者や職人としての修業のあり方として確立されていったのである。

第五章

「職人道」の誕生

職人とはどんな職種？

職人とはいつごろできた身分で、どのような職種があるのだろうか。

ちなみに、近世初期を代表する風俗画として有名な『紙本着色職人尽絵』（狩野吉信筆）には、仏師・傘師・革師・鎧師・経師・糸師・形置師・筆師・扇師・檜門師・研師・弓師・数珠師・鍛冶師・機織師・刀師・矢細工師・蒔絵師・向縢師・番匠師・畳師・桶師・縫取師・纐纈師・藁細工師など、二十五種類の職人が描かれている。また、江戸中期の町家に面した店を配した『職人風俗絵巻』には、弓屋、組屋〈組紐〉、団扇屋、柄巻屋、紅屋、瀬戸物屋、琴屋、矢作、傘貼り、鏡屋、巻物屋、沓屋、素麺屋、槍屋、烏帽子屋、檜物屋、縫い物屋、筆屋、珠数屋、扇屋、鞠屋、靫屋、太刀屋、煙草屋など、二十四種類の職人が描かれている。しかも、この絵巻には、路上にいる人びとの様子も描かれており、そのなかには、鉦叩、獅子舞、琵琶法師、柴売り、山伏、草履売り、傀儡師（人形遣い）、虚無僧、八丁鉦（歌念仏の一種）、猿曳、綿売り、高野聖、油売、竹売などの姿も見える。彼らもすべて職人の仲間である。そのほかにも、職人が描かれている代表的な絵巻としては、『近世職人尽絵巻』（鍬形蕙斎筆）などもある。

職人には、このようにさまざまな職種がある。

さらに、手許にある「百科事典」を開いてみると、近世以降は身につけた技術でものを造ることを職業とする手工業者をいうが、さかのぼるとその語義はだいぶ異なる。鎌倉時代から室町時代までの職人は、禅宗寺院で東西両班のメンバーである役僧を〈職人〉といった例を除くと、そのほとんどが在庁役人、下級荘官をさす語であった。……（中略）……　一方、鋳物師のような手工業者、大歌所十生（としょう）のような芸能民の職能も〈所職の業能〉〈やむごとなき厳重の職〉のように〈職〉とされ、ここからこれらの人々をさす職人の語が鎌倉後期から現れ、しだいに広く用いられるようになった。一三六四年（正平一九：貞治三）＜番匠、鍛冶、大仏師、畳差以下職人等＞（《東寺執行日記》）といわれ、漆師、鋳物師、打物師等を一四四七年（文安四）に〈諸職〉とよんでいるのは（《八坂神社文書》）、そうした例で、この職人、諸職は〈芸能〉を身につけた〈道々の者〉とほぼ同義といってよい。こうして〈道々の者〉の歌合は近世初期までに＜職人歌合＞とよばれるようになり、広義の職人は手工業者から芸能民、呪術者まで含む人々を意味したが、狭義には《日葡辞書》に〈工作を職とする人〉とあるような手工業者をさす職人の語が広く用いられ、近世以後この語義が定着していく。……（後略）……

（平凡社『大百科事典』「職人」の項、筆者＝網野善彦）

とある。

ここから分かることは、職人という言葉は、本来は、鎌倉時代以降の官僚機構の中での下級役人を指す語であったこと、それが鎌倉後期から手工業者や芸能民をさす言葉と同義に使われるようになった、ということである。例外的には、禅宗寺院における役職についた僧のことも職人と言った。

引用文に出てくる「東西両班」とは、中世禅林の制度で、寺院の経営を司る知事を指す「東班（とうばん）」（都寺、監寺、副寺、維那、典座、直歳など）と、修行面を司る頭首を指す「西班（せいばん）」（首座、書記、蔵主、知客、知殿、知浴など）のことである。両者は本来、助け合って寺院の運営を円滑に行なうべきであったが、経済力に優れた東班と住持として出世できる西班とのそれぞれの性格から、時に対立することも多かったという。

曹洞宗は、道元が築いた永平寺を中心に活躍している永平寺系と、曹洞宗の全国伝播の基礎を築いた永平寺四世瑩山（けいざん）を中心とする總持寺系とがあり、福井県の永平寺と横浜市鶴見区の總持寺の両寺院を大本山としている。總持寺は、元来、能登にあったが明治三十一年（一八九八）年に火災があったのを機に、明治四十四年、現在の地に移転された。

ちなみに、中世禅林の中心的存在であった永平寺には、道元が中国の宋での修行の帰りに伴ってきたと言われている寺院建築に携わる宮大工がいる。彼らは一貫して永平寺のある志比（しひ）の地に住みつき、現在に至るまで永平寺の改築や補修に携わっている。彼らは「志比の宮大工」と呼ばれている大工集団である。

「百科事典」の説明によると「番匠、鍛冶、大仏師、畳差、漆師、鋳物師、打物師」などが職人であり、「芸能を身につけた道々の者」と同義だと言う。ちなみに、番匠とは、大工のことである。いずれの職業にしても、ある一定の技術を身につけてからものを作り出すのが仕事である。その技量によって作られる製品に違いが生じ、その出来不出来に大きな差が生じる職業である。いわゆる、自助努力によって技量に違いができ、製品のでき の良し悪しが商売に大きく影響することは今も昔も変わらない。そしてその職能は多くの場合世襲されてきた。

芸能者にして然りである。

十世紀以降、職業がさまざまに分化していく過程を経て、いろいろな職種の職人が生まれてきた。土地に縛られることなく手に職をもつことのできた人びとが、十一世紀から十二世紀にかけて職人身分として定着していった。日本社会における経済活動が活発になってきたことの証でもある。

その職人が日本各地で活躍しはじめた時代に、道元は僧侶が現世をよりよく生きていくための方法としての「現成公按（げんじょうこうあん）」を説いていたのである。現成公按とは、眼の前にあるもの、ありのままに現れているものは、動かすことのできない絶対的真理であるということ。職人が作り出した製品も、その技量に応じてその良し悪しを見分けられ、買い手の厳しい判断を迫られる運命にあるもの。

そして、基本的には、無心になって一芸に専心することによって、自らも技量を身につけ一人前の職人としてより優れた製品を製作できるようになれる、ということである。

「修行」と「修業」との違い

職人とは、「芸能を身につけた道々の者とほぼ同義」と言われてまず思い起こすことは、田楽、猿楽に起因する「能」のこと。そして、能のあるべき修業の姿を体系的に書き著した世阿弥の存在。

すでに見てきたように、世阿弥が『風姿花伝』その他の著書で伝えたかったことも、「能」の動作を身体に染み込ませて覚えることであった。

そのためには、七歳から能という環境に慣れ親しみ、五感を通して徐々に身体に覚えこませ、身体を鍛え続け、自在に動く身体を育んでいく。と同時に、先人や師の物真似をして自分のものにしていく。ここに芸としての基本があった。この基本がしっかり身についてこそ、つぎの段階に進むことができるとしたのである。

この芸を身につけるためには、自力で学びとる（真似る）しかない。決して他人は助けてくれない。能役者が一人前になるためには、稽古に耐えるしかないのであり、稽古を続けていくしかない。そして、この厳しい稽古の結果、頭で考えながら動くのではなく、身体そのものが動きを覚え、無心で舞うことができるようになる。このように稽古を積むことによって、一人前の能楽者となっていくとした。

この能楽者の修業のあり様は、明らかに道元が説いた禅僧の修行のあり様から学んだ方法論である。世阿弥は曹洞宗の補巌寺二世竹窓智巌の許で出家した人。したがって、当然のこと、道元の教えを学んでいた。

世阿弥が画期をなしたのは、道元の説く禅僧の修行のあり方を能の稽古（修業）に取り入れたことにこそあった。

それを可能にしたのは、芸能者という職種にある。

世阿弥が意識したのか否かは別として、道元の教えを踏襲したところに新しい修業の道が開けた。僧侶の「修行」に対する、芸能者の「修業」という新しい道である。

能楽者は、禅僧が仏の道を求めて、終日、坐禅を中心とした修行を行なっているように、一日中稽古に明け暮れることが許される職業である。また、そうしなければ一人前の能楽者にはなれない、と世阿弥は考えた。禅僧は、出家して仏の道を究めようとしている者であるが、能楽者は俗世にありながら芸能の道に入り、あるべき芸能を究めようとしている者である。

そして、至芸の境地に至った者が、芸能に専心し、無心になって舞っていると、時にふと気づくと別の世界に入り込んで能を舞っている自分を発見することがあるという。まるで自分が自分でないような、自分をほかの自分が眺めているかのような、全く異次元に存在しているかのような瞬間がある、と。道元も、時に異次元に入り込む瞬間がある、と同じようなことを言っている。それは、まるで仏の世界に舞い込んでしまったかのような感覚でもある、と。世阿弥の至った境地と同じ？ とは言い過ぎであろうか。

このように、一つのことに専心することによって、人は心惑わされることなく芸に打ち込むことができるようになる。その結果、自分の世界に捉われることなく、自在に心を遊ばせることができるようになるという（『風姿花伝』「蘭位事」「妙所之事」）。それは、僧侶に限らずとも、俗世間にあって仏の世界に生きることを可能にするような感覚とも言えよう。道元は、その境地に至ることができるのは僧侶にしかない、と思っていたのかもしれない。しかし、すべての人間が仏性をもって生まれてきたことを自覚することができるということを、世阿弥は能という技を通じて実証してみせたとも言えるのではなかあろうか。

こういった共通項に気づいたとき、道元における仏の教えは、世阿弥における芸能の道に活用できるものとなった。

世阿弥の芸を求める道は、仏の道の求めて行なう僧侶の「修行」という枠を超えて、能の理想を究めるべく芸能者の「修業」の方法としてここに誕生したのである。

そして、この修業のあり方は、能の世界に留まるものではなかった。その後、日本におけるさまざまな芸能や職能における修業の基本となった。人の行ないを修める「修行」から、人の業（技術）を修める「修業」へと展開されていく。修行が、僧侶の身と心を一体とするためになされるものであるのに対し、修業とは、芸能者や職人が技と心を一体とするためになされるもの。この修業のあり方が、技を身につけていくためには必要な確かな方法として、日本社会全体に根付いていくことになる。

しかし、過去に職人の修業について書かれた書物はおろか、職人の技の学び方について論じられたものはない。したがって、職人の修業のあり方についても、過去に書かれた他の分野の論を根拠としながら、職人論を展開していくしかないことに諒解していただきたい。

「技」を究めるために

世阿弥によって「能の修業のあり方（芸道）」が誕生したというが、そもそも道元の修行と芸道とに共通している要素とはなにか。そして、芸道を精進することによって、どのように「技」を究めることができるというのか。どのように修業（修行）すればいいというのか。

道元の教えに基づいて、世阿弥が書いた『風姿花伝』ほかの著書との共通点を見直してみると、つぎのように要約できよう。

それは、そのまま職人の修業のあり方に重なる。以下も、道元と世阿弥の説くところを、職人のあるべき修業の姿に置き換えながら読み進めて欲しい。

①よき師を求めること。
②師から弟子へは相対して技を伝授すること（面授）。
③学ぶに際しては、我執を捨てること。
④無心で動けるようになるまで身体を鍛えること。
⑤すべてはもの真似にはじまること。
⑥大切なことは言葉では伝えられないこと。
⑦一つのことに専念して、決して多くの知識を得ようとしないこと。
⑧一人前になったのちも修業（稽古）は続けること。

⑨学んだことを正しく弟子に伝えること。
⑩その結果として、時に師を超える存在になれること。

これが、道元が出家して禅院で修行する僧に求めた修行のあり様を、世阿弥が能の世界に租借して弟子の修業に求めた要素である。そして、世阿弥をして、道元が僧侶の社会に限定して示した修行のあり方を、一般社会（職人世界）における修業のあり方に援用することに成功した方法論、と言えよう。まさに、世阿弥の修業論は、そのまま職人が技を究めていくための方法論として活用し得るものだった。

では、弟子として修行（修業）に励みたいと願う者が、師を求めるときにはどのような姿勢であるべきだ、と説いたのか。

道元が中国の宋に留学したとき、自分の思い描く師を求めて中国各地を旅したことが物語っているように、よき師に出会うことは難しい。天童如浄に出会うまでに、じつに長い旅を続けた。道元が自らの体験から、「大宋国の叢林にも、一師の会下に、数百千人の中に、実の得道得法の人は僅かに一二なり」（『正法眼蔵随聞記』第三）と言っているのがまさにそれである。しかし、それが故に、どんな苦労をしてでも、よき師を求めるべきだとしている。

そして、よき師の傍にいるだけで人は大きな影響と受けるものだ、とも。師と一緒にいることによって、その挙措から学ぶべき多くのことがある。師とともにありながら、その行動を見、真似ることが大切だ、と説いている。

世阿弥も、「能が上手になるためには、師についてよく稽古すべきである」と言っている。弟子は、師の動きを事細かに見ながら学んでいくのである。またそのとき、師は弟子の傍にいて、弟子の動きの一挙手一投足を間近に見ながら。具体的に教えることが基本となる。これがいわゆるお互いが向き合って技を伝授する「面授」である。

と同時に、ものを学ぶときの心構えについて、弟子が師の教えに疑問をもってはならない、と道元は言う。「『あの師は道理を心得ているように言うが、自分にはその言葉に随うことができない』と言って、自分に執着しながら修行をしても、ますます迷いに落ち込むばかりである」(『正法眼蔵随聞記』第二)と言うように、自分自身の裡に師に対する疑心や迷いがあるうちは、師が教えてくれる芸も身につくものではない。心から師を敬って学ぶのでなければ師の教えは自分のものにはならないと言う。

すなわち、修行をしているときは、自分を捨てて「師の教えのまま」に学ぶという姿勢が大切だと説く。これが「我執を捨てる」と言うことである。この師の教えのままに無心に学ぶという姿勢は、能にあっても基本である。世阿弥の場合には、一つの演目を覚えるには師の動作や台詞回しなどをそっくりそのまま真似ることに基本があるとする。やはり、我執を捨てて、師の行なう通りに無心でもの真似をする。そして、そのもの真似が身体に染み込み無心に行なえるまで稽古を積む。この自分の身体に染み込ませるまで稽古を続けるというのは、世阿弥の芸論の基本である。それは、道元が規律正しい生活を送るために動作のすべてに規範を求めた意識に共通する。無心のうちに正しい行動ができる、が基本にあるからである。

さらに世阿弥は師のあり様についても述べている。

世阿弥は、そのときの師のとるべき姿勢は、「稽古をつける師のほうも、現在の自分の芸域そのままに教えるのではなく、熟達していなかったころの心持ちで、身も心も十分に教えるべきである」としている。さらに、師となるべき人には、「資質があること」「一つのことに先進できること」「よき師につくこと」という三つの資質が必要だとしている。これは文字通り、優れた能楽師になるための資質とも一致している。それは優れた弟子にして初めて優れた師にもなれるということを意味していよう。

つぎに重要なことは、「すべてのことは言葉で説明がつく」という、近代人が当たり前のように思わされてきたことへの懐疑である。あいまいな動作、微妙な台詞回しなどは、いくら言葉を尽くしても正確には伝えられない。ことに、視覚、聴覚、臭覚、味覚、触覚の五感に関することは言葉では伝えにくい。それは師の傍らにいて見よう見真似で覚えるしかないことである。それが面授のもつ意味でもあり、言葉をもってすべてを教えようとすることの限界でもあろう。そして、弟子に対して言葉を尽くして説明しようとするより、実際に演じ見せたほうが、より的確に相手に伝わり、身につけやすいことも事実である。

これが、ものごとを学ぶときのもう一つの基本である、「ものごとは盗んで覚えるものだ」ということに結びつく。師の動作を見て盗み覚える。他人の芸を見て、その技を盗む。これは、芸を覚えていくうえでのもう一つの基本である。

修業を積んでいるときにだれしもが陥る不安がある。稽古をはじめたとき、師は弟子にほとんど一つのことばかりさせる。同じ動作をくる日もくる日もさせられ、一向にほかの動作を教えてくれない。そして、多くの人が抱くのは、こんなことばかりやっていて本当に芸に役に立つのだろうかという不安である。早く多くのことを学んで、早く一人前になりたいとの焦りからくる不安である。多くのことを学ぶことで多くのことが分かり、その分一人前に近づけると考えるのは、初心者に共通する心理である。ある一つの動作がすべての基本にあるなどとは到底思いも及ばない。だから、焦りだけが押し寄せる。まさに、百の動作より一つの基本動作。百の知識より一つの基本知識。その一つの動作が動きの基本であることを知るのは、もっとずっとのちになってからのことである。その基本動作をきちんと身につけているか否かが、その後の芸の成長には大きく影響するのである。

また、体験を通して身につけたことは、他人の話や本で得たことの数倍確かなこと。そして、体験を通して獲得した技でなければ、先人を超えて新たな境地を切り開くこともできない。人は、一つのことに透徹することによって、そこからさまざまな事象を認識し、ものごとの理解を深めていくことができる。一つのことを学び深めていくことで、その一つのことが百のことに結びつく。さらに深めていくことで、やがて師の域に達し、師（先人）の理解を超えることを可能にする。しかし、人はとかく一度に多くのことを知りたがるもの。興味の赴くままにあちこちに手を出し、その結果、なにも身につけることができないということになってしまうのである。

その是非を、師は弟子に正しく教える必要がある。

道元は別の言葉で説明している。

「世間の人でも、多くの知識や学問を兼学して、どれも身につかないというよりもただ一つのことを学んで、それを人前に出しても恥ずかしくないほどに学ぶべきである。まして、出世間の仏法は、永遠の教えであって簡単に修学できるものではない。そんなことでは真の仏法を身につけることはできないし、そもそも生まれつき自分の能力も劣ったものである。この高広な仏法を知るために多方面のことを行なっては、仏法の一事すら身につけることはできまい」（『正法眼蔵随聞記』第二）と。

だから、一事に専念せよ、と説くのである。

身体を鍛え、物真似を続け、何年もの修業の後にやっと一人前と認められる能楽師になれる。芸は一朝一夕に完成するものではない。しかし、世阿弥は、一人前になったからといって稽古に終りがあるわけではない、とも言う。稽古は死に至るまで続けられるのである。体力がなくなったらなくなったなりの工夫を加えながら、稽古を積むのが芸を究める者の道であると説く。稽古を止めてしまうとすぐに芸が衰えてしまうからである。

これは道元の根本的な考え、「修行そのものが悟りの姿である」に通じるものである。精進している姿そのものにこそ真の人間としての姿が現前しているのである。坐禅が悟りの姿そのものであるように、芸を究めるために精進している姿そのものが一人前の芸道者としてのあるべき姿なのである。

そして、世阿弥は、会得した芸を正しく後継者に伝えていくことの大切さを説く。芸を継承していくことは芸道者としての責務でもある。芸の道は絶やしてはならないものだからである。

そして、伝統を重んじた道元にしてもっとも画期的なことは、いつの時代にあっても「事細やかに心を配り、よくよく考えながら仏道に精進するなら、古人を超えることもできるという道理は必ずある」(『典座教訓』)と考えたことであろう。この「古人を超えることもできる」という一言は、芸の道を志している者にとっては光明である。古人とは師でもある。道元はあくまでも出家者を前提として説いた言葉ではあるが、それはそのまま現在を生きる芸道者に向かっての言葉ともなる。芸を究める精進を重ねることによって、師を超えた芸の世界を会得できる可能性があると置き換えて読み取ることができるからである。

そして、その師を超えた芸こそが、いままでには存在しなかった「芸」、その人の「個性」である。この道元のものの考え方は、世阿弥をはじめとする芸道者に希望を与えたことであろう。現在の自分の芸を究める心の励みとなったはずである。

古来の伝承をそのまま守り続けることをよしとしてきた道元の伝統主義は、伝統を守り続けてきた結果として、古人(師)を超えるある瞬間がある。古き先人の伝統を超越して、新たな心境に至ること、新たなるものの創造を可能にする。いわゆる、伝統が革新に転換する、古きものが新しきものになる瞬間である。

このような伝統が革新に変わり得る要素が道元の思想にはある。これが道元の思想のダイナミズムである。

以上が、芸道を究めるための要素である。

そして、職人としての技を究めるための修業のあり方である。

世阿弥の芸道論の普及

能楽に端を発した芸道論は、しだいにほかの芸能にも広まっていく。

その起源は異なるというものの、同朋衆の能阿弥（一三八七～一四七一）にはじまり、千利休（一五二二～九一）に至って完成をみた茶道も、現世をよりよく生きるための芸の道である。

同朋衆とは、室町・江戸時代に将軍や大名に仕えて芸能・茶事・雑役など、室内の設え（室礼）を行なう僧体の者の総称で、礼法一般にも長けていた。同朋衆には、茶道の能阿弥のほかにも、立花の台阿弥、作庭の善阿弥などがいたが、彼らには時宗の徒が多かった。ただし、先に述べたように世阿弥は時宗の徒ではなく、曹洞宗の出家者である。しかしそこには、約三百年前に道元によって出家者の修行法として説かれ、約百五十年前に世阿弥によって能の修業法として書かれた芸道論が、芸能を生きる者のあり方として広く普及していった結果、と捉えるべきであろう。

千利休の茶の道は、茶を点てて客人をもてなすための一連の行為のこと。そのためには、礼にかなった所作が必要とした。そして、茶道は、まずは茶を点てるときの形を身体に覚えこませることにある。いわゆる、茶の所作における「型」を身につけることに基本があり、その型を身につけていくことで、そこに自ずと心が備わってくると考える。型＝技と心が一体になることによって茶の所作は成り立つ。その型が先か、心が先かはさて置き、型に心が備わったときに、真に客人をもてなすことができるとした。その滞ることのない、流れるような一連の動きがあってこそ、客人はそのもてなしに満足し、お互いの関係性を深めることができた。それは、生きていくうえでの一つの技でもある。

よりよく生きるということでいうなら、もっとも切実に生きることを考え抜いたのが武士である。宮本武蔵（一五八四～一六四五）は、その著『五輪書』（一六四五年刊）の「地之巻」でつぎのように述べている。

> 大形（おおかた）武士の思ふ心をはかるに、武士は只死ぬるといふ道を嗜む事と覚ゆるほどの儀也。死する道におゐては、武士斗（ばかり）にかぎらず、出家にても、女にても、百性以下に至る迄、義理をしり、恥をおもひ、死する所を思ひきる事は、其差別なきもの也。武士を兵法をおこなふ道は、何事におゐても人にすぐるゝ所を本とし、或は一身の切合（きりあい）にかち、或は数人の戦に勝ち、主君の為、我身の為、名をあげ身をたてんと思ふ。是、兵法の得をもつてなり。又世の中に、兵法の道をならひても、実の時に役にはたつまじきとおもふ心あるべし。其儀におゐては、何時にても、役に立つやうに稽古し、万事に至り、役にたつやうに教ゆる事、是兵法の実の道也。

多くの武士が思っている心を推し量ってみるに、日ごろからいかに死を潔く迎えるかということを心がけているように思われる。しかし、死んでいくということにおいては、武士だけでなく、僧侶にしても、女にしても、農工商に至るまで、義理を重んじ、恥をしのんで、死んでいくことを覚悟する、ということになんら違いはない。武士が兵法を身につけるというのは、なにごとにおいても他人より優れているということを基本として、一対一の切り合いに勝ち、数人相手の戦に勝って、主君のため、自分のために名をあげて出世しようと思うことにある。そのためには正しい兵法を学ぶことが必要である。世の中には兵法を学んだとはいえ、実戦のときに役に立ちそうもないと思われる者もいる。そのような武士に対しては、いつどのような場合にも相手に勝てるように剣術の稽古をし、どのような状況にあろうとも生き延びることができるように教えること、これこそが兵法の真の道である。

宮本武蔵は哲学的ではない。いかにして相手に打ち勝つかという技術的工夫があるだけである。この世をいかに生き延びていくかという実利に力点がある。極めて此岸的である。

武蔵は、その兵法＝技術をどのようにして身につけるべきだと言うのか。

通り一遍の身につけただけ、うわべだけの実意のこもっていない剣術ではとても兵法を学んだと言えるものでない。それは「生兵法は大怪我のもと」となるだけのもの。兵法を学ぶには、師弟が針と糸との関係のように、弟子たる者は師から伝授されたことを真摯に学び取り、絶えず稽古に専念することが肝要である。そして学ぶべきことを、「地」「水」「火」「風」「空」の巻それぞれで具体的に書き表わしている。その稽古は、大きなところからはじめて小さなところを知っていくこと、浅いところから深いところに至ることにある。実際、立会いの勝負は変化が激しく、一瞬を争うものであるから、日々厳しい鍛錬を積み重ね、十分に剣術を習熟し、いかなる事態に臨んでも迷いのない、平常心を養うことが肝要となる。この平常心にあって戦いに臨む心を養うことこそが兵法を学ぶことである。その兵法を会得することによって、時に理を超えた技が使えるようになるというのである。いわゆる、師を超えた技の獲得であり、「道理を得ることによって会得した道理を離れた技」、「型を知りつくして型を破る技」の獲得である。

兵法を究めるとは、鍛錬を積むことによって心と身体とが一体となり、無心で動くことができるようになるということなのである。

このように見ていくと、『五輪書』に書かれていることは、世阿弥の『風姿花伝』の内容と驚くほど似ていることに改めて気づかされる。

基本はあくまでも身体で知り尽くすことであり、心と身体が一体になることであり、自在な動作を会得することである。そして、自在な動作を獲得することで、時に師をも超える技を発揮できるようにもなれるのである。

道元によってもたらされた禅宗の教えは、四百年の歳月の間に武士や町人を中心に広められ、大いに世俗化した。それは出家者という枠を超えて広く庶民にまで普及、浸透したことを意味しよう。

仕事を始める時期

以上に述べてきたことは、そのまま職人の世界にも当てはまる。そして、芸能の世界での指導法（修業法）を活用しながら、生きるためのものとしていまに引き継いできたのが職人である。

すでに述べてきたように、昔から、職人が仕事を覚えるに際し、「仕事は身体で覚えるもの」と言われてきた。頭で理解するのではなく、師に言われた通りに身体を動かし、言われるがままに身体に染み込ませるようにして覚えていく。これが、職人が仕事を覚えていくうえでの基本である。

道元の教えが、直接的に職人の指導法（修業法）に結びついたとは考えにくいが、世阿弥が説いた芸道論を媒介として、その指導法が職人の世界にもしだいに普及し、活かされてきたと考えることはできよう。

先にも述べたように、道元以前の日本に、身体で覚えこむ指導法があったか否かは定かでない。しかし、少なくとも道元が出家者の修行法として文字にして確立した教えが、世阿弥を通して芸能者の修業法として応用され、それが職人の世界にまで普遍化、確立されてきたと考えることはできよう。

では、職人は何歳ごろから仕事に就き始めたのか。

一般に、人びとが仕事に就く年齢は若かった。

昔からよく「七歳の初午の日に、手習所の門を叩く」と言われる。江戸時代には、七歳になった年の二月の最初の午（うま）の日に寺小屋に入門したもの。また、芸事は「六歳の六月六日に始めると上達が早い」とされ、お稽古事はこの日から始めることが多かった。これは、一、二、三、四、五と指を折って数えるが、六からは指を立てていくことになる。このことから芸の立つのが早くなる、とされてきたとの説があるが、もちろん、真意のほどは疑わしい。

現在の満年齢にすると六歳から寺小屋に通い始めるのであるから、いまの小学校に入学する時期より一年早いことになる。芸事は、五歳から習い始めるということになる。とは言うものの、今も昔も学び始める時期はほとんど変わらない。

商家などに奉公する子どもはこのころから丁稚に入ることがあった。商家に奉公に入ったからといって、すぐに仕事を教えてもらえるのではなかった。店や家の雰囲気に慣れるということも含めて、店内や店先のみならず家の掃除や整理整頓などをさせられた。主人の子どもたちの子守をさせられることもあった。このような雑用を通して奉公人の躾をしたのである。また、仕事を任せられるほどの身体ができていないというだけではなく、店の雰囲気を肌感覚として身につけさせるという配慮もあった。ことに、商家特有の言葉遣いに関しては厳しく躾られた。また、読み書きソロバンなど、人としての教育も同時に受けたのであるが、これはひとえに主人や番頭など主人格の人柄にかかっていた。

職人の修業が始められるのはもう少し大きくなってからのことだったようだ。一般には、ある時期まで寺子屋などに通い、身体が大きくなり、ある程度の力仕事もできるようになった十二・三歳ぐらいになってからのようである。もちろん、家の事情などもあって、もっと早くに修業に出される子どももいた。

明治中期に行なわれた調査をもとに書かれた『職工事情』（土屋喬雄校閲、一九〇三年に農商務省から刊行）では、ガラス製造会社に徒弟として入る子どもの年齢調査として、「徒弟制度」という章ではつぎのように記している。

凡ソ徒弟タラント欲スルモノハ大抵年齢十二三歳（中ニハ十歳未満ノモノアリ）ヨリ十六七歳ノモノニシテ年期ハ五年若クハ七年ニシテ最短期ニモノニ至リデハ三年ナリトス或ハ年限ニ拘ハラズ徴兵適齢ニ至ルヲ以テ限度トスルモノアリ此場合ニ於テハ入場当時ノ年齢ニヨリテ或ハ十年位ニ至ルモノアリ

時代が「明治」、とかなり新しくなってしまったが、その実態にはほとんど差がなかったと思われる。職人の徒弟となる子どもの年齢は、十二、三歳で、その年期は、五年、あるいは七年が一般的であったとしている。なかには十歳未満で徒弟として働いている子どももいる、とも。江戸時代にはもっとその数が多かったことだろう。現在で考えると、小学校を卒業した年頃の子どもである。その後、五年から七年は徒弟として働き、二十歳そこそこで、一応、一通りの仕事を覚えた職人として扱ってもらえるようになるという。現在でも、「一度仕事に就いたら、とりあえず三年は我慢してもらわなければなぁ」とは、よく言われる言葉である。どんな仕事であっても、三年間は続けてみなければ、自分にあっている仕事か、自分にできる仕事か、それとも自分には向いていない仕事かの判断もつかないということである。そして、五年、十年と仕事を続けていくことによって、ようやく一通りの仕事ができる職人に育つというのである。一人前の職人になれるのは、もっと先のことである。

職人としての修業とは

十二、三歳で徒弟になった子のほとんどが親方の家で寝食をともにしながら、徐々に仕事を覚えていくのである。もちろんなかには、家から通いの子もいた。

仕事はほとんど雑用である下仕事から教え込まれていくことになる。いわゆる仕事を最初から詰め込んで教えるのではなく、親方や先輩たちの仕事をしている姿を見せながら、徐々にその場に馴染み、自らの力で覚えていくように仕向けていくのである。したがって、徒弟は、先輩たちの仕事をしている姿勢や道具の取り扱いなどを見ながら、時間をかけて覚えていくことになる。親方や先輩たちは、仕事を覚えさせることを急かしたりはしない。

ここで肝心なことは、仕事を覚えることに急ぐことなく、他人の仕事を見ながら、確実に自分の身につけていくということである。いわゆる、身体で覚えていくことの基本である。そのとき、言葉で説明するとどうしても嘘が混じることになる。仕事の伝達に言葉は、ときに邪魔になる。まして微妙な仕事のニュアンスは言葉では説明できない。言葉では説明できないことだから見よう見真似で身につけていくのである。自分自身がやってみて、自分自身が納得できなければ仕事を受け継いだことにはならない。

したがって、学ぶということは親方や先輩の「もの真似」になる。親方のもっている道具に似せる。親方が仕事をしている姿に似せる。親方の道具の取り扱い方に似せる。親方の仕事のやり方に似せる。このように、すべての動作を親方と同じように真似をすることにこそ学ぶことの基本がある。ただひたすらに真似るのである。この段階で、自分の勝手な思いを込めることは許されない。

まだ弟子入りして間もないころに、自分が思いついたやり方で仕事をすると、なぜか決まってしくじるものだ、という職人の話を後日談として聞くことが多い。これは理屈ではなく、身体がまだ仕事に馴染んでいないことによるものだという。この体験談からも、仕事の基本は、いかに身体を使うかにあるということがわかる。

また繰り返しになるが、仕事は盗むもの、とはよく言われることであるが、ある程度の技量が育ってこなければ、仕事を盗むことさえできない。なにを盗むべきかが分からないからである。だから、ある技量が備わるまでは、もの真似を続けるしか、ほかにどうしようもないとも言えよう。

このもの真似を繰り返しているうちに、やがて真似をしているという意識なしに身体が動くようになる。身体が仕事に慣れてきたということであり、仕事が身についてきたことの証である。さらに仕事を続けていると、周りから「親方の格好に似てきたね」などという言葉を聞くようになる。一人前の職人になりつつある証拠である。また、身体が仕事を覚えたことの証拠に、意識することなく、無心で同じ形のものを何百、何千と作れるようになる。いわゆる、習うより慣れろに仕事の基本があるということである。そして、ようやく職人になったのである。

さらに仕事を続けていくと、自分の仕事と他人の仕事との違いが見えてくるようになる。と同時に、どのように工夫を加えるとさらによい製品になるかも見えてくる。まさに、一人前の職人になったということである。

このようにして身につけた仕事は、身体が覚えているので忘れることがない。よく職人が「仕事場に入って道具を持てば、なにも考えなくても身体が勝手に動く」というのがそれである。また、頭に詰め込んだ知識に左右されることがないので、仕事をしていて不安になることがない。もちろん、新しい仕事を引き受けたときには多少の不安に陥ることもあろう。それは、新しい仕事に対するとっかかりがつかめないからか、あるいは、手順が分からないからか、などに起因する。したがって、じっくりと仕事の内容を吟味していくことによって、工夫しながらその問題を解決するすべも身につけていく。仕事の内容を知るべくなにか新しい知識を採り入れるにしても、自分が体験してきた仕事を通しての知識を得ようとするから、採り入れる知識に目配りが効き、無駄がなく、さらに探究すべき仕事に直結することが多い。採り入れる知識の取捨選択に迷いがないのである。

現代人が世に溢れ出ている情報の渦に巻き込まれて右往左往し、精神的に不安定になることが多いのは、身体でものごとを考えるという手段を放棄したからではないだろうか。現代人は、頭だけをいろいろに巡らせ、知識だけを頼りにものごとに対処しようとしている。しかし、知識には限界がある。また、必要のない知識も世の中には溢れている。その取捨選択をする術も持ち合わせていない人がほとんどなのである。

こういう時代だからこそ、職人の生き方に意味がある。それは、必要がないと思った知識を簡単に切り捨てることができるからだ。多くを抱え込むのではなく、不必要なものは排除する。それが、現代を生き抜く一つの知恵であろう。しかもそのとき、身体でものごとを考えてきた人間は、なにを捨ててなにを取り入れるかの判断に迷いがない。自分の仕事を軸にものごとを見、ものごとに対処していく習性があるからである。この自分の立場を変えない姿勢が、時に「職人は頑固者」と言われる所以でもある。

五感を通じてセンスを培う

また、まだ子どもの時期から学び始めるということには別の要素もある。

よく人の「センス（感性）」は、生まれながらに備わっているもので、後天的に養うことはできないものだと言われる。センスとは、いくら頭で考えて身につけようとしても身につかないものだからである。「蛙の子は蛙」と言われるように、芸人の子どもとして生れてきた者には、生まれながらにして芸に対するセンスが身についているものだと言われる。そこには、親の遺伝子を受け継いできたのだからという側面がある。また、生まれながらにして芸の雰囲気に包まれて育ってきたのだからという側面もあろう。

センスとは、遺伝子によって受け継がれていくものとまでは言わないまでも、置かれている環境にあって、自然に身につけていくものと言えよう。だから、成人になってからセンスを磨くのは難しいと言われるのである。ただし、あくまでも「難しい」のであって、「不可能」なのではない。

ちなみに、幼くして職人を志した子どもは、仕事場にいてその場の雰囲気に慣れることから仕事を始めていくことによって、自ずとセンスも養われていく。なんの知識もない子どもは、突然に置かれた仕事場で、なにもできないままに右往左往させられる。親方たちもなにも教えようとはしない。教えることを放棄しているようにも見える。そんな中に放置された子どもは、頭で覚えようとするのではなく、五感で感じようとする。感覚を研ぎ澄まさせるしかない状況に置かれているのである。その結果、仕事というものを、身体に染みこませながら覚えていくことになる。その間に、仕事に必要なセンスも身につけることになる。幼いが故に、覚えるまでに時間はかかるものの、センスを養うことはできるのである。そのセンスは、親方によって、仕事の内容によって、職種によって異なるものではあるが、言葉によってでは育てられないものである。

多くの職人が、「なるべく早くに弟子入りしてもらったほうが仕事を教えるにはいい」と言うのも、職人としての身体作りが大切だからと言いながらも、同時に、センスを身につけさせることもできるからという側面もあろう。よく、「弟子入りしてきた若者のなかでセンスのない者は一目見てわかる」とか、「センスのない者は仕事についてこられなくなって辞めていくものが多い」などと言う。しかし、それは高校や大学を出てから弟子入りしてきた者が対象である。子どものころから親方の家の家事の手伝いがてら、仕事場の雰囲気に馴染んできた者の場合にはその間にセンスも養われているものである。もちろん、その子たちの多くは、センスもなく、箸にも棒にもならないような子どもだったのであろう。その子どもたちが、仕事場で何年か過ごしているうちに、仕事を覚えていくと同時に、その仕事に関するセンスをも身につけていく。それが実際であろう。

ある時、日本将棋連盟の石田和雄九段とお話する機会があった。

そして、驚いたことに、頭の世界での勝負事と思っていた将棋においても、若いころからの修練が大切だと言うのである。

「何事においてもそうでしょうが、将棋が上手くなるためには若い時からの修練が大切です。将棋をはじめる時期が若ければ若いほどよく、成長もできます。そして、いちばん強くなれるのは高校生のころでしょうか。大学生になってから将棋を始めるのでは、プロになるにはもう遅いですね。過去や現在において、優れた棋士は、みなさん高校生の年代に実力をつけています。何事をもどんどん吸収できる年頃なのでしょうね。そのためには、気合を込めて指し続けることです。いつも気合を込めて将棋に立ち向かっていることで、自然に記憶力が備わってきます。と同時に、頭の中の抽斗がすぐに使えるようになります。不思議なもので、この抽斗は使えば使うほどすぐに出てくるようになるのです。また、将棋には将棋特有の感性が必要です。その感性を育てるのも若い時からの修練です。しかし、だれしもが修練によって感性が得られるというものでもないのです。先天的に備わっている感性というものがあります。天才と呼ばれる人には、どうもその先天的な感性が備わっているようです。そして、その感性は、訓練によってさらに磨かれていくのです」（「ことのは」第四号、二〇〇〇年）

ちょっと引用が長くなったが、将棋の世界においても、若いころからの修業によって技量だけでなく感性も磨かれていく、というこの石田九段の言葉は、聞く者の耳には新鮮だった。

人は、その成長の過程において受けてきた刺激の違いによって、異なった人格を形成していくとはよく言われる。置かれた環境や受けた教育や感情のあり方によって異なった人格が形成されるということである。仕事における刺激とは、仕事場が置かれている環境や仕事場の雰囲気、親方や兄弟子たちの気質などである。

その仕事場の雰囲気に染まっていく過程で、あるいは仕事の約束事を覚えていくなかで、センスも次第に磨かれていったのである。仕事における約束事とは、作業工程をこなしていくうえでの手順であるとともに、製品の形状や文様を作っていくうえでの常識でもあった。その形状や文様を先輩と同じようにできる技術を会得したところから、自分自身の創意工夫が始まっていった。

センスも、頭で考えて工夫するものではなく、身体の芯にまで浸み込んでいたのであろう。ある一定の決まり事や約束事を身につけるのと同時に獲得していったのである。それはある意味、先輩たちの薫陶を引き継いできたものであり、ある世界に共通したセンスであることが多い。

それでも人によって、センスの良し悪しはある。矛盾している言いようだが、これは致し方ない。いくら磨いても育たないセンスもあるということである。

自ずと身につく確かな知識

先に、芸道を身につけるために必要な要素の一つとして、「一つのことに専念して、決して多くの知識を得ようとしないこと」ということを述べた。このように言われると、知識を得ることがいけないことのように思われるが、決してそういうことではない。むしろ、事実は逆である。職人は知識の宝庫ですらある。多くの職人と接していて驚かされることの一つに、実に豊富な知識をもっていることがある。しかも、生活に根づいた知識が多い。

「決して多くの知識を得ようとしない」とは、仕事を身につけていく過程において、あれやこれやといろいろな知識を得ようとするな、ということである。生半可に身につけてしまった知識には、実際の仕事には必要のない知識が多い。そして、そのような不必要な知識に惑わされて仕事に立ち向かうことによって、仕事そのものがおろそかになってしまうことが多い。そんな無駄な知識はいらない。却って邪魔ですらある。時に人は、知識に踊らされてしまうことがある。必要な知識というものは、一つの技能を身につけようと専念している過程で自ずと現れてくるもの。こちらから求めようとしなくとも、向こうからやってくるもの。それらの知識を自然に身につけていくことこそが、仕事をしていくうえで必要なことである。

知識を身につけるな、ということではない。無駄な知識、必要のない知識を身につけるな、ということである。そしてそれは、仕事をするうえで邪魔にはなっても、役に立つことが少ないからである。生きた知識とは、必要に応じて獲得してきたもの。経験によって培われてきた知識をこそ言うのである。

例えば、福井県越前市の箪笥職人三崎一幸さんはこんなことを教えてくれた。

箪笥の材料は十一月から二月の時期に伐採して製材し、少なくとも半年間は自然乾燥の状態で寝かせておく。この時期に伐採するのは、木が地中の水分を吸い上げない時期で、もっとも水分の少ない状態にあることから、この時期に伐採した木は狂いが少ないからである。さらに、木に水を多く含んでいる満月の時に伐るよりも、水分の少ない新月の時に伐るほうが、乾燥させていく過程での木の狂いは少ないとも言う。また、製材を乾燥させるのは、雨と太陽に晒すことで「あく抜き」をし、あとで変色したり、寸法が狂うことを避けるためである。この段階で十分に乾燥させておかないと、樹脂が抜けきらず、製品になってから狂いが生じることになる。その後、十分に乾燥した材料を、寸法に合わせて、木目を活かしながら切断する。この作業が製品の良し悪しの決め手となる。いわゆる、木取りの技である。

このような作業は木の特性を知らなければできない。これらの知識を、材料を加工していく過程で一つひとつ身をもって覚えていくのである。さらに、個々の木についての個別性も知ることになる。

桐箪笥は、「錐通す、霧通さぬ、桐の箱」などと言われる。桐は、軽くて、耐火性に富み、湿気に強くて、防虫効果がある。職人にとっては軽くて加工しやすい材質である。また、使う人にとっても、乾燥しているときには通気性が良く、湿気の多い時期には膨張して湿気が中に入らない。火事のときには多少の水を掛けられたり、煙に巻かれた状態に置かれても、桐の木がそれらを吸い取って中の着物を守る。だから、大切な着物をしまっておくには最適とされる、などということである。もっとも、〇・一ミリ単位の綿密な工程のどこかに手抜きがあると、その限りではない。

当初は、一つの木製品に関する知識であるが、仕事の範囲が広がっていくうちに、樹木全般の知識を身につけるようになり、やがて日本の自然と人びとの生活のあり方や、日本文化の特質などの知識へと広がりをもってくる。また、関心のある人は、日本の製品を通して、諸外国の製品との相異などに目を向けていくこともできる。それもものを通した日本文化への造詣を深めることに繋がる。

こうして、知らず知らずのうちに経験に裏付けされた知識を基にして日本文化を継承していくことになっていくのである。

こうした自分の仕事を通して社会を見る目を養っているのは、なにも職人世界に限ったことではない。漁業や農業の世界でも活かされている。

海の魚を育てるには、山の木を育てることが大切」と山を育てている漁師の活動が注目されている。宮城県気仙沼のカキの養殖をしている畠山重篤さんもその一人である。畠山さんは、水産高校を卒業後、恵み豊かな気仙沼湾でカキやホタテの養殖をしてきた漁師である。しかし、その気仙沼湾が、大量発生したプランクトンのために赤潮に見舞われることになる。植物プランクトンを栄養にしているカキが、赤潮に見舞われた海水を吸うことで身が赤くなり売り物にならなくなってしまったのである。これは海が汚染されたことが原因だった。そこで、畠山さんは健全な海を取り戻すためには何をすべきかを考えた。海だけを見ていたのでは海のこともよく見えない。山も見た目で海を見直そうとしたのである。それは、ノリの生育が雨の量によって異なることに着目した結果である。雨が降るとノリの生育が良くなるのは、雨によって川の水量が増え、山の栄養分がより大量に海に流れ込むことに要因がある、と考えたのである。川の水が入り込んで海水と入り混じる汽水域に、植物プランクトンが豊富に生まれ、その餌を求めて魚は群れをなすことが分かったからである。流れ込む川の水質の良し悪しが魚の味を変えるのである。

しかし、当時の川も汚染されていた。それは、農業用水から流れ込む化学肥料や除草剤によってであり、家庭用排水に含まれている洗剤による汚染であった。さらに、調査を進めると、間伐や植林を怠っている山そのものが荒れ果て、下草が育っていないため、雨が降っても山に水分を保留することができずに泥水として垂れ流していることにも気づいた。また、雑木林がなく、杉などの針葉樹で山が覆われていることも山が荒れている一因であることも分かった。

そこで、汽船沼の漁師たちは、川の水をきれいにし、山の保全を元に戻すことを始めた。それは、漁師が山に木を植えることで、海までの水域に住んでいる住民も山の大切さに気づいてくれるのではないか、との思いを込めた活動だった。これが、一九六九年から始めた「森は海の恋人植林祭」である。

日本は国土の七割が森林である。その森林から二万以上の川が海に栄養分を注ぎ込んでいる。すなわち、森林を健康にすることで、日本の周りの海には美味しい魚介類が豊富になるというのである。

また、畠山さんは、カキなどの貝殻は海中のカルシウムと二酸化炭素が固定化して炭酸カルシウムとなったものであることを知る。と同時に、海中の植物プランクトンが豊富になることで、海洋での光合成が盛んになることも知る。つまり、カキの養殖を通じて、現在、地球上で大きな問題になっている二酸化炭素削減に一躍担うことができることをも解明したのである。

まさに、カキの養殖のために工夫を重ねてきたことが、生きた知識として地球環境問題となっている二酸化炭素削減への一助足りうる方策にまで至ったのである。

こうして身につけた職人の知識は、決してローカルな知識に留まらない。例えば、気仙沼という一漁村で得た漁師の知識は、世界中のどこに行っても役に立つ確かな知識である。

しかし、こうした知識は簡単に獲得できるものではない。また、こんなところに行きつくと考え始めたものでもなかろう。おそらく、美味しいカキを育てたいという強い思いがあり、その結果を出すために苦心に苦心を重ね、幾年もの試行錯誤を繰り返しているうちに、いつしか自然に獲得した知識であろう。使い勝手のよい箪笥を作りたいという思いにかられた箪笥職人も、木材に関するさまざまな工夫を重ね、植物の習性を学び、植物の特性を活かすことの知識を獲得していったのである。だからこそ、そこで獲得した知識は確かであり、世界中のどこででも活用できる知識、と言えるのである。

心を育てる知識と技術

しかし、こうした仕事は知識があるだけでは完結しない。知識を裏づける技術があって初めて行なえる仕事である。否、技術が向上していくにしたがって、自ずと知識も獲得していくことになる、というのが正しいだろう。

先の箪笥職人の場合には、より使いがってのよい箪笥を作ろうと試行していく過程で、技術を身につけながら先人からの知識を学び、自らも新たな知識を得、技術の伴った確かな知識としていったのである。このように、職人の強みは、持ち合わせている確かな技術を活かしながら、新たに得た知識をすぐに自らが実践し、試しながら自分のものにしていけるところにある。それは、箪笥を使う人だけでなく、ほかの職人にとっての役に立つ知識ともなる。

カキ養殖の場合にも、カキを養殖するための確かな技術を身につけた上で、より美味しいカキを育てるために思考し続けた。いろいろな本や情報をかき集めて知識を蓄積していく。その結果として、山に木を植樹することの意味を知るに至る。ここには、より品質の良いカキを育てたいという思いが先ずあり、消費者に美味しいカキを提供したいという思いがあったのであろう。もちろん、そこには自分の利益を上げたいという思いもあったであろう。さらに、ともに地域で働いている生産者の生活向上をも図りたいとの思いもあったであろう。そうでなければ、周囲の協力を得ることはできない。周りの協力を得られることで士気はさらに高まる。

自分の利益だけを考えていたのでは、こういった事業は成功しない。周り（相手）に対する思いやりがあり、その思いに周り（相手）が応えてくれることによって初めてなせることである。

新たな製品を作りたいと思う時、人はさまざまな方法で製品を作るに必要な知識を得るべく努力する。その方法を習得すると、その知識を活かすべくさらなる技術を磨く。その結果として、新たなる一つの製品が生まれる。その一つの製品は、作った本人を満足させるだけでなく、使う人びとをも満足させ、自ずと人びとの間に広がっていく。そして、利益を生む。仕事の成功は自分自身の自信に結びつく。それは、仕事の上だけに留まらない。人間としての生き方そのものの自信にもなる。

しかし一方、一度生み出した製品は、すぐに同業者の真似するところとなる。良いと思われるもの、人びとが欲しがると思われるもの、儲かると思われるものは、同業者にとっても魅力的な製品になるからである。そして、自分も利益を得たいと思うからである。

自分が創り出した製品であっても、一度市場に出された途端に自分だけのものではなくなる。みんなとの共有の財産になるのである。自分だけではなく、他人にも作れるものになる。他人をも喜ばせるものになる。このようにして製品は世の中に広がり、人びとの生活に活きていく。昔からあったごく当然のものであるかのように人口に膾炙していくのである。

すなわち、自分を活かすために努力したことが、他人を活かすことにもなるのである。

新たな製品が役に立つものでなくては、広く人びとに受け入れられることはない。また、自分だけのものとして知識や技術を抱え込んでしまっていたのでは、広く人びとの間に広がっていくことはない。仮に、ほかの職人が製品を真似して作ったとして、粗悪品では人びとには受け入れられない。やはり、確かな知識と技術に裏づけられた製品であることが必要最低限のこととなる。真似をして作る者にも知識と技術が求められる。同レベルの知識と技術をもった職人でなければ真似をすることも適わない。真似をするにも、製品を作るための技量が求められているのである。

この技量を身につけている職人同士だからこそ、形になった製品を見てその良さがわかる。作ることができる。そういう技量があるからこそ、一度創られた製品は、自分の手を離れて、世の中のものになるのである。職人には、自分が新たに創り出したものであっても、喜んでほかの職人にも作ることを認めるという、心の広さが求められている。自分が努力して得た製品を他人も共有できるものとする寛容の心を得ることによって、人としての心をも育てていくのである。

この職人たちの確かな知識と技術に裏づけられた仕事を通して、作られた製品は生活のなかに浸透していく。職人たちの知識と技術を育てていくとともに、お互いの心を育てていく。まさに、仕事が人を育てているのである。

このような確かな知識や技術を身につけるには、時間がかかる。効率性ばかりを追究していたのでは、行きつくことの難しい知識であり、技術であろう。

現代の職人像としての伝統工芸士

では、現代の「職人」はどうなっているのか。

機械技術が発達し、便利な道具が簡単に作り出されてきた現代においても、かつてのような職人の技を獲得するには、やはり長期にわたる修業が必要である。その長年の修業を経た者が認定される一つの証に、「伝統工芸士」という資格がある。

後継者不足によって低迷する産業を支えるために設けられた制度で、一九七四年に創設された。その認定者は、産地固有の伝統工芸の伝承、技術・技法の研鑽を行なうという責務を負っている。

伝統工芸士は、経済産業大臣指定の伝統工芸品を製作している人が、試験を受け、合格すると認定されるもの。ある業種に従事して十二年以上の実務経験者で、原則としてその産地に居住していることが条件である。しかし、すべてが十二年以上の経験があれば受験資格を得られるかというとそうでもない。富山県南砺市の井波彫刻は二十年以上の実務経験のある者でないと受験資格を得られないし、岡山県伊部市の備前焼では二十五年以上の実務経験者と規定している。このように、伝統工芸士の規定は一律的ではなく、各産地の組合において独自の内部規定を設けている。

その認定業種は、以下の通りである。

- 織物（総合、意匠、製糸、染色、製縫、仕上）
- 染色品（総合、意匠、型染、手描、仕上）
- 染色品（総合、意匠、絞括、染色、仕上）
- 染色品（総合、黒紋付染、紋章）
- 組紐（総合）
- 刺繍（総合）
- 陶磁器（総合、成型、加飾）
- 漆器（総合、木地、塗り、加飾）
- 木工品（総合、木部加工、金具）

・竹工芸（総合）
・金工品（総合、造形、仕上）
・仏壇（総合、木地、宮殿、彫刻、金具、塗装、蒔絵、箔押）
・仏具（総合、木製仏具、金属性仏具、仏表具、仏像彫刻）
・和紙（総合）
・人形（総合、頭、胴体、人形、道具）
・石膏品・貴石細工（総合）
・硯（総合）
・筆（総合）
・墨（総合）
・算盤（総合、組立、玉造）
・扇子・うちわ（総合、扇面加工、扇骨）
・手鉤（総合）
・琴（総合）
・皮（総合、皮加工、皮装飾）
・形紙（総合、地紙、彫り）
・箔（総合）

・挽物木地（総合）
・提灯（総合）
・七宝（総合）

これら二十九業種のうち、専門に関する筆記試験と実技試験に合格することが条件である。

筆記試験の内容は、
・伝統工芸品に関する一般知識
・技術、技法、原材料、歴史、特色など

実技試験の内容は、
・作業場での工程科目
・規定の材料で、決められたものを製作する

である。

そして、いまわれわれが考えている職人という枠には、これらの業種に加えて、能や狂言・人形浄瑠璃・歌舞伎・落語・漫才などを代表とする芸能人、料理人や菓子職人なども含めることができよう。あるいは旋盤などの機械を駆使して他の国では真似のできないような精巧な製品を作っている機械工も職人である。まして、コンピュータや自動車、精密機械などの金型を作り出す職人も当然含まれて然るべし、である。彼らは、いまや世界を視野に入れて活躍している。ただし、あまり日の目を見ていない。また、いままでの職人という範疇を超えてしまうが、歯を作る技師に代表されるようなさま

ざまな職種の技師なども含まれるであろう。あるいは、カテーテルを駆使して体内手術を行なう医師も、ある意味で職人と言えよう。もっとも彼らは「職人技」というよりも「神技」と称賛されることのほうが多いが……。そこに共通しているのは、一つの仕事を取得するのに長い時間を要し、体験を通して培ってきた熟練が求められる職業ということである。

この意味においては、形を変えて、職人のあり方が今もなお踏襲されていると言うことはできよう。

第六章　現代職人論

効率性を求める社会だからこそ

かつて日本の企業では、新入社員にはある一定期間の研修があり、社会人としての常識、仕事のイロハを教えてくれた。そんな教育を受けた後、各人の適応に応じた部署に配属されるが、二、三年毎に部署が変わりよりその人に合った仕事に就けるようにしていた。よりその社員の能力に応じた部署で働く。いわゆる、適材適所は社員にとっても、企業にとっても理に適ったものであった。当時は、ほとんどの企業が終身雇用制度で、定年まで安定した収入が得られることが当たり前であった。

しかし、社会の仕組みに変化が生じてきた。そして、欧米型の能力主義が取り入れられることによって、終身雇用制の弊害を指摘する人が増えてきた。自分の能力に応じて職を変え、転職することで自らのステイタスを上げていく仕事のあり方である。多くは即戦力として第一線で働くことが求められる。社員教育より実践あるのみ。用意されているのはマニュアル。そこでは、より効率的であることが求められる。それに従って、従来型の日本企業にも変化が生じてくる。新入社員の研修に時間をかけている余裕がなくなってきた。そして、マニュアルを活用した研修で済ませるようになる。ここでも効率的であることが優先されるようになった。

現在、一つの会社に継続して働いている社員が減少傾向にある。なぜか？即第一線で働くことを求められるのが辛いし、ついていけない。

いまの仕事は自分には向いていない。もっといい仕事があるはずだから辞める。

仕事をしている仲間と気が合わないから、会社を辞める。

だから、一度は会社に正規入社したにも拘らず、簡単に離職する。能力主義の風潮のなかで、離職ということを安易に考えて行動しているのかもしれない。その結果、ほかの仕事を求めたものの正規社員になることはできず、非正規社員やフリーター、パートに。ある時期、フリーターというあり方がもてはやされたが、それも今は昔のこと。フリーターや非正規社員になってからは、その後の仕事が業績として評価されることが少なく、仕事の実績に加算することが難しい。極端な話、離職した当時の履歴のまま今に至るという状況である。あるいは、離職後に就職活動をすることもなく、家に引き籠ってパソコン相手の仕事に。悪循環を繰り返している。さらに、初めから就職することを諦めている人も結構多い。

どうもこれが現実のようである。

そんな状況にあって、社会的な現象としては、改めて職人の修業法が注目を集めている。残念ながら、職人という職業に魅力を感じたからということではない。あくまでも関心は修業法にある。なぜ、注目されるようになったのか?

地にしっかり足をつけて働いている人が少なくなったから。

仕事を身につけるために学ぶことの基本を忘れてしまっているから。

彼らは、サラリーマンを志向していながらも、もっとじっくりと仕事を覚え、着実に力をつけたいと思っている。一を聞いて十を知る、というような簡単に仕事を身につけられない不器用な人なのかもしれない。本人の自覚とは別に、情報ばかりが行き交う、世の中の速い動きについていけない人だと思われる。決して悪いことではない。効率性を求められても、それについていけないのだろう。だから、リスタートする。その心がけは貴重である。むしろこれからの社会にあっては、情報に流されることなく、一つ事にどっしりと構えている人が求められるかもしれない。何事も早いだけが好いのではないのだから。

一方に、手に職をつけることに魅力を感じている人もいる。小中高校と秀才肌で、勉強では遅れをとったことのない人が、突然、職人のあり方に興味をもった、というような人は結構いる。一旦、就職はしたものの、世の人のあり方を見ているうちに、自分には職人という業種の存在を意識してこなかったという人が多い。そして言う。

「ずーっと、勉強のことしか考えてこなかったから、なにも考えずに高校、大学。一流会社への就職しか自分には選択肢がなかった。それが、あるとき職人に出会い、その人の生き方に興味をもっちゃって、すぐに弟子入りさせてもらったんだ」

その人はいま、大学を出て、一度就職した後、包丁職人となっている。なぜ、選んだ仕事が包丁作りだったのかまでは分からないが。

効率化が求められている社会にあって、その波に乗れずに離職、転職をしている人は、傍から見ると回り道のように思われがちだが決してそうではない。自分のやりたい仕事が見つかったのなら、そのときから始めればいい。「廻り道をした」だの、「無駄な時間だった」などと思うことはない。気がついたときからが勝負。焦ることはない。いま、この時点で気づけたことを良し、とすべきである。なにもせずに落ち込んでいると、それは単なる挫折になってしまう。

「それに、サラリーマンとして何年働いても、口が達者になるだけで、腕に技がつくわけじゃないし、なにかあってリストラでもされたら、それこそ自分一人じゃ生きていく術もないじゃない。その点、職人は確実に技をつけることができるから」

と一言つけ加えた。営業に行った先で人に会って打ち合わせをし、社に戻って事務処理を。そして、帰りがけに仲間とちょっと呑んで、の毎日。仕事を積み重ねていても、無駄な知識こそ増えるものの、会社という組織がなければとても一人で生きていける仕事ではない。技としての蓄積のない仕事に、不安とうんざりが入り混じった日々を送っていたのだ、とも。

おそらく、これまでの人生でどんな仕事が自分には向いているのかなどと、自分のあるべき姿を見つめたことがなかったのだろう。

職人は、自分の努力しだいで、自身の技を磨くことのできる仕事。自分の技がグレードアップするか否かも自分次第。自分の力不足を知ったときには、なにが必要なのかを自らが考え、学び、工夫することで技量を上げることはできる。作品を通して自らを客観的に見つめ、研鑽することで、確実に技を身につけることができる。

したがって、自分のやりたい仕事が見つかったのなら始めればいい。「廻り道をした」だの、「無駄な時間だった」などと思うことはない。効率よく生きていこうとする世の流れこそが間違っているのだから、と。まして「人生一〇〇年」の時代。二十代で職人になってもまだ八十年ほどの残りはある。

全ての評価は技（作った製品の良し悪し）で決まる。一人で行なえる仕事なら、作業中は口を利く必要もないし、時間を気にする必要もない。自分のペースで、好きなときに仕事をし、好きなときに休める。もちろん、製品作りに要する時間の割り振りも自由。仕事の手順を身につけてしまえば、部屋に引き籠って製品作りに励んでもいい。自分の技に自信があるのなら、他人の眼を気にすることはない。それが、優れた製品として、注文主に喜んでもらえる製品を作っているのであれば、のことではあるが。

効率よく生きていこうとする世の流れにこそ問題があるのだから。

自分のペースで仕事を覚える

「ものづくり日本」ということが盛んに言われるようになっている。

ここには、かつての日本人特有の仕事の学び方が再評価されてきたことと、職人の技が廃れていくことに、「あの技を廃れさせてはダメだ」というような思いが募ってきたこともあろう。また、諸外国から日本を訪れる人びとの口から、「日本の職人の技は素晴らしい」「職人の作った素晴らしいものを買いに来た」などの賛辞に便乗しての評価も加わろう。とくにテレビ番組が作り出した一つの現象でもある。

そう、一方では、現実のものとして職人の修業法が求められているのに対し、他方では、郷愁としての職人技が求められているのである。

しかし、そんな現象とは関係なく職人の仕事は生きているし、職人技は求められている。後継者がいないという嘆きを抱えながらも。

おそらく、多くの人が効率性だけを求めて働くことに嫌気がさしてきているのだろう。もっと、自由に自分の思っているやり方で仕事をしたいと思っているのだろう。もっと創造性のある仕事がしたいと思っているのであろう。

そう。自分のペースで仕事がしたいのである。だから、職人という生き方に魅力を感じるのである。効率性なんて、くそ喰らえ！　と。

職人は一人前になるために修業しなければならないとは言っても、昔ほどの厳しさはない。時に、親方からの激した言葉、荒々しい動作、そしてカミナリに出喰わすことはあっても、理不尽さが伴うこともまずない。仕事ができるようになると、時に共同作業が求められ、時間に追われることはあっても、基本的には自分のペースで仕事ができる。これは魅力の一つであろう。

とは言っても、仕事を覚えるまでの道のりは遠い。そして、いくら興味をもったからといってすぐに覚えられるものでもない。時間はかかる。基本的には身体を使う仕事なので、頭で慣れると同時に、身体で慣れることが求められる。

現代社会にあってさまざまな情報に流されて育ってきた者は、ほとんどのことが頭ではすぐに理解ができる。言われていることば、簡単なことばかり。だから簡単に手足も動くと思ってしまう。しかし実際には、頭で理解することと身体を動かすことの間には大きな隔たりがある。考えている通りに身体を動かそうとしても、思ったように動いてはくれない。身体が慣れるまでに、思っていた以上に困難が伴う。「頭ではすぐに理解できても、身体はなかなか動いてくれない」、とはまさに至言。この頭と身体とのギャップには、仕事を覚えたての多くの人が悩まされるという。そして、昔からよく言われている、「職人は若いうちから始めないと、身体ができない」との文句が、痛いほどよく分かる、と。

ただし、繰り返し身体に覚えこませていくことで、着実に身体は動くようになる。若い者に比べると時間がかかるかもしれないが、確実に身体は覚えていく。自分のペースで覚えていくしかない。そして、自分の技のあり様も、自分自身で確認しながら先に進むしかない。

親方の許で修業をしているときには親方の眼がある。しかし、一人前になった後は、全てのことを自分で判断しなければならない。より技を究めるためには、つねに向上心をもち続けることが必要である。

このように、自分の好きにできる仕事であるが、製品作りに厳しさは求められる。よりよい製品を求めて、つねの研鑽が求められる。努力することは必ず報われる。すべての評価は、自分の責任にあるのだから、裏切られることはない。

大学を出てから職人を目指した人、職人になるまでに遠回りをしてしまった人でも、自分のペースで仕事を覚えていくことで技を身につけることはできる。安心して修業に励めばよい。始める時期が遅かったことに、いまや問題はない。

何故か？

大卒者も仕事を覚える基本は同じ

「人生六十年の時代の十五、六歳は、八十年の時代の二十五、六歳に相当します」とは、南部鉄器「釜定」の宮伸穂さんの言葉。一人の人間の人生設計を考えた時に、かつては中卒で仕事に就いた職人の年齢が、現在の大卒で仕事に就く人の年齢に当たると言うのである。そして、遅いか早いかの年齢的な違いこそあれ、仕事を覚えていく基本は同じだと言う。

「大卒の人は、頭で理屈から仕事を覚えようとする分、覚えるのは早いけれど、身体はなかなかついてきません。考えたことや見たことが仕事の動作として結びつかない。したがって、すぐに疲れてしまいます。しかも、できないことについて、とかく屁理屈を並べがちです。しかし、基本は時間をかけて繰り返すことしかありません。時間をかけることで身体も、そのうちにその仕事に見合った身体つきになってきます。今の時代に見合った仕事のやり方でやるしかないのです。また、三十代半ばまでに一人前になれば、そこから先四十年は仕事ができます。それで、一人の人間のなす仕事としては十分おつりが来る計算になります」

サラリーマンや公務員であっても、六十歳の定年まで二十五年、そのうちに定年が六十五歳、七十歳になる時代が来るであろうから、三十年は仕事ができるという計算になる。高齢者とは七十五歳からという声も聞こえてきている。老後はさらに伸びている。ちなみに、日本人男子の平均寿命が八十一・二五歳、女子が八十七・三二歳（二〇一八年の厚生労働省の統計による）という時代である。こう考えると企業側も、新入社員にマニュアルを教えて即戦力を望むのではなく、もっとじっくりと仕事に取り組んでもいいことになる。

ある会社の社長に「マニュアルやルールは、社員の向上心を育てないので、わが社にはありません。初めは多少の時間がかかっても、自分で考えながら身につけてもらったほうが応用力がつきますし、後々にまで生きる知恵になるからです」と聞いたことがある。仕事をしていくうえで生じるさまざまな障害を乗り越えていくためには、マニュアルやルールは意味をなさない。ある事態に対応するには一定の効力があっても、問題が生じた時にはその場の状況に応じて自分自身が工夫するしかない。その創意工夫をすることが仕事の上での向上心を育てていく。さらに、自らが気づいてものごとに対処していくことを学ぶことで、その社員の人格も変っていくというのである。

そして、「最低でも三年は一緒にいて、仕事を覚えて欲しいですね。仕事を覚えるということはそんなに簡単なことではありません。しかし、三年間一つの仕事を続けることで、ようやく仕事の面白さが分かってくると思います。一つのことにしばらくは付き合ってみないことには、仕事の面白さもわかりません。これはすべてのことに言えると思います。苦労をして身につけたことだから面白さに結びつくのです。一人前の仕事ができるようになるのは、その先のことです。よく言われるように、一人前の仕事ができるようになるまでには十年ぐらいはかかるのでしょうね。それ以前に、自分は一人前になったと思うのは驕りです。せいぜいある限られた分野での仕事なら任せることができるようになったというぐらいでしょう」と言う。

そして、この段階に達する以前に、今の若者は仕事を放り出してしまうのだと嘆く。確かに、ちょっと仕事に腰かけた程度では、仕事の面白さも分からない。真剣に仕事に向き合い、仕事にのめり込み、試練を乗り越えてこそ仕事が面白くなるのである。

同じようなことを、「釜定」の宮伸穂さんも言っていた。

「ある仕事の内容を説明して、すぐに成果を出せる新人は百人中一人もいないでしょう。人はすぐに成果を求めたがるものですが、何事もそんな簡単にできるものではありません。私の場合には、仕事をしたいという人には、取り敢えず三年間は見習いでやってもらいます。この期間は、その人にこの仕事が向いているかどうかをお互いが検討し合う時間です。目で見、頭で考えるだけではなく身体で感じてもらう時間です。そして、お互いが納得したうえで、社員としての契約をします。さらに十年ぐらいして、一人前になったと思えるころに再び話し合いをして、このまま社員として続けるか、仕事に応じて支払いをする能力給にするか、独立して一人立ちするかを決めます。一人前になるとは、任された仕事がきちんとできるだけではありません。他人とのコミュニケーションがとれる、仕事を取ってくることができる、マネージメントができるなどもできるようになってのことです。こんなことも自然と身につくようにしていくのが、人を育てるということだと思います」

高校、大学、大学院を出た人であっても、一から腰を据えて修行のできる時代になったのである。そして、いったん仕事に就いたならば、自分の仕事を身につけるためには、数年間の繰り返し作業が求められている。それが仕事を覚えるために辛抱する期間であり、仕事を身につけるための基本である。その基本を身につけることによって初めて仕事の面白さも分かってくる。その面白さが分かるから仕事を続けることができる。また、もう少し難しいことにも挑戦してみたいという向上心にも結びつく。どのような仕事でも一所懸命に続けていると面白さが見つかるもの。その面白さが見つかれば、あとは勝手に伸びていくものなのかもしれない。それは、職人が培ってきた修業のあり方に共通するものであり、日本人に特有の仕事を身につけるための方法である。

コミュニケーションのあり方が変った

日本人特有の仕事のあり方が変わってしまったのはなぜだろう。その一つに人と人のつき合い方の変化があろう。先に触れたように、言葉（文字情報）を通して相手（他人）を知ろうとする傾向が強くなってきたことがある。現代人には、身体をぶつけ合って相手を知る、動作を見て相手を知る、声の調子を聴いて相手を知る、匂いをかいで相手を知るなどという非言語コミュニケーション（ノンバーバル・コミュニケーション）のあり方が少なくなった。他人を察するということが苦手になっていった。これは、想像力の欠如を示す。

無理をして他人と会って話すよりも、自分一人の世界に入り込んで気儘に過ごすことを選択するようになってきた。その一方で、飛躍的に人びとの生活に浸透していったコンピュータは、子どもの世界にも入り込み、自由に操作できるものとなっていった。自分の考えや思い、愚痴をネット上に書き込んだり、SNSやラインなどでやり取りすることで、あたかも他人とのコミュニケーションは十分にとれている、と思えるようにもなった。ネットという擬似世界においてであるにもかかわらず、自分は自己主張できる人間であり、しっかりと自分の意見を相手に伝えられていると思っている。譬えそれが、独りよがりのものであったにしても。

極端に考えるなら、教師は、成績だけで生徒を判断し、生徒個々の生活には関与しない。生徒も、学校での授業には出るものの、勉強は塾で行なうもの。下手をすると、学校での休み時間然り、授業中においても、ほとんどスマートフォンに向かっているほど。学校での交遊もあまりもたずに、放課後はすぐに塾へ。友だちとの会話もスマートフォンを通して。そこに教師の立ち入る余地はない。あるいは、教師が立ち入ろうとする気がないのかもしれない。その結果として、他人との関係性を断ち、子どもたちの「個性」を伸ばすのではなく、「孤性」を伸ばす傾向を作りだすことになってしまったとは言えまいか。

いわゆる、効率性を求める教育は、教師に対しさまざまな雑務を押しつける。上司が現場を判断するのに効率的に行なえるようなデータ処理も含めて。その結果、教師は成績を根拠に子どもたちを判断し、それ以外の事にまで気が回らなくなった。普段の子どもたちの生活にまで関与することはなく、友だち関係に対しても関心をもてるほどの余裕もなくなった。

偏差値教育の導入からすでに半世紀になろうとしている。この間、教育対策に紆余曲折はあったものの、学歴偏重の社会を生み出してしまったことに間違いはない。そして、学力が重んじられた時代を生きてきた子は、すでに立派な大人になっている。しかしその一方、この間、組織という枠のなかで働くのが嫌だという人が増え、定職に就かずに自分の好きなときに働ける「フリーター」が増加した。定職に就き続ける人は減少した。あるいは、一度就職しても、気軽に転職する人も増えてきた。また、自分の就いた仕事がきつい、その仕事が自分に向かない、などとの理由から早々に退職する人の数も多い。もちろんここには、欧米流の能力主義に基づいた就職形態を取り入れようとする傾向が会社の側にあり、社会全体の動向としても、能力に応じた採用形式を進める傾向になってきた、という影響はある。また、その傾向に対応するかのように、人材派遣業が増大し、定職に就いていない人を組織し、企業に送り込んでいる。

一方、大人になっても社会に適応できない人が増え、親に共生している、いわゆる「引きこもり」の大人が増え続けている。また、家族をもたずに一生を独身で過ごす人も増えている。ここには、社会生活が便利になり、一人で生活することに苦痛を覚えない人が増えてきたということもあろう。しかし、他人とともに生活することに、不安や苦痛を覚える人が増えてきた結果だとする統計もある。いわゆる、人間関係を維持することを苦手とする人、一人で生きていこうとする人が増えてきた結果であろう。

人間関係の維持が苦手とする人には、頭だけでものごとを考え、処理しようとする傾向が多いのではなかろうか。例えば、家に引きこもりがちな人には、豊富な知識があり、パソコンは上手に使いこなし、議論好きな人が意外にも多い。いろいろな情報を得ながら、それらの情報を処理しきれなく、知識だけが頭に渦巻いている状態のように思えてならない。

そう。現代人は、じつに多くの情報・知識を処理しきれないままに、頭に詰め込んでいる。

多くのストレスを抱え込んでいる。

ストレスを溜めない仕事のあり方

現在、多くの人が仕事上のストレス、友人関係のストレスなどで悩んでいる。

しかし、日本人に特有の仕事のあり方には、仕事からくるストレスを少なくする、ということを特徴の一つとして挙げることができよう。

ストレスをもたらす要因として一番大きなことは、知的能力と行動能力の差異が大きなことが挙げられる。いわゆる、知識量と行動力とのギャップの大きさがストレスを招く要因となるというのである。そして、多くの場合、知識量に行動がともなわないときにストレスが生じる。もちろん、一概に言うことはできないが、知識量の多い「頭でっかち」で行動力に乏しく、周りに気を遣う人ほどストレスに陥りやすい傾向があるという。一つのことにあれこれと思いを巡らし、判断不能になってしまうことである。サラリーマンにストレスを抱えている人が多いのも、部門と部門、業者と業者、会社内における上下関係などにおいて、知識量だけで仕事をしている人が多いことに関係している。自分一人の裁量で判断できる部分が小さいことによって、周りの眼ばかりを意識するようになってしまうのである。自分の思いで判断すると、「なんで勝手に決めたんだ」と言われ、上司の意見を聞いてから判断しようとすると、「こんなことも一人で決められないのか」という叱責になってしまう。いずれにしても、周りからはクレームをつけられる状態にあるのが現代社会の一つの側面である。

さらに、コンピュータの出現にともなう仕事の変化は、とくに中高齢者層を対象に精神的不安を掻き立てることになってしまった。とくに高齢者にとっては、いままで経験したことのない技術が導入され、新たな知識を身につけなければならなくなったことで、頭脳のマヒ状態によってもたらされる不安である。また、電話での打ち合わせ同様に、メールでのやり取りが増えている。対面での打ち合わせ、声での打ち合わせ以上に、メールでの打ち合わせに比重が置かれるようになり、相手の様子を窺うこともないままに情報を交換するようになった。顔の表情や声の様子すら把握することなく交わされる会話は不気味である。また、思い違いや言葉の齟齬も多くなる。そして、不安要因が増え、ストレスは高まる。

それに比べると、職人の場合には知識量と行動力とに大きな差がない。修業の段階から身体で技術を覚え、技術の上達とともに知識も身につけていくからである。身体で技術を覚えながら知識としての言葉を身につけていく。他人に説明するときには、自分が身につけている技術を思い浮かべながら言葉にする。時には、「言葉では説明できない」という状況にもなる。技術の全てを言葉に表すのが難しいことが多々ある。言葉での説明に限界を覚える。言葉にしてしまうと嘘になる、と。そして、

「見てもらえれば分かる」と、形で表現することになる。この場合、知識量と行動力とにギャップは生じない。自分の力量に応じて、できるものはできる、できないものはできないのだから、考えても仕方がないのである。だから、ストレスを抱えることは少ない。自分の力量以上に背伸びすることはいらない。ありのままの自分でいれはそれでいいのである。

また、職人は身体を使って仕事をしているため、頭ばかりを使って仕事をしている人に比べると、考える能力と行動能力とのバランスが取れている。身体を動かすことが、ものを考えることに直結しているからである。身体でものを考える。あるいは、考えるために身体を動かす。否、なにも考えることなく身体を動かす。無意識のうちに作業に没頭している。その両者を意識してしまうと、そこにズレが生じる。すると、製品に狂いが出てしまう。だから、考えるともなく考えながら、無心になって身体を動かしているのであろう。

引きこもりから抜け出すために

話は逸れる。

近年話題になっている問題に、小中高生のみならず、大人の「引きこもり」がある。現象としては、自分の部屋に閉じこもったり、家に閉じこもって外に出ない人のこと。いわゆる、自分の心に閉じこもっている状態である。しかし、この状態を心理的に考えてみると、普通の生活を送っている人にも引きこもり状態にある人はいるのである。毎日仕事には行っているけれども同僚に自分の心を閉ざしている人。家族や友だちと普通に話はするけれども自分の心を閉ざしている人。周りに合わせて顔は笑っているけれども心では笑っていない人。これらは、自分の感情（心）を表せないでいる人である。このような人も心理的には引きこもり状態に置かれているのである。かつては、一括りに鬱の状態として片付けられていた。

そして現代に特有の、特殊な例としての引きこもりは、コミュニケーションの喪失から生まれることも多い。小中高生の場合によく見られるのは、「いじめ」による引きこもりである。この場合にも、だれに相談することもできず、一人自分のなかに引きこもっている。あるいは他人とのコミュニケーションまでもが断ち切られてしまう。精神的に自分の殻に閉じこもりながらも、親に心配はかけられない、と毎日学校には行っていても。

このように考えてみると、実は、多くの人が引きこもり状態にあると言えよう。毎日ともにいる家族や友だちにも、今まさに引きこもっている人がいるのかもしれない。

その状況をどのように感じるかは人によって異なる。無意識であるのか、意識的であるのかに関わらず、なんの問題もなく克服している人もいる。しかし、なかには自分の置かれている状況に圧し潰されてしまう人もいる。周りには心を閉ざし、自分から好んでものごとに接することをせず、人と接することを嫌い、自分自身を否定的に捉える。その結果、生きがいを失い、最悪の場合には自死に至ってしまう。なんの仕事にも就かず、部屋や家に閉じこもっている、いわゆる、「引きこもり」になっている人の心理である。

では、なぜ引きこもり状態に陥るのか。

例えば、なにかむしゃくしゃする状態にあった時。なにかを他人の目から隠したいと思った時。なにかを我慢しなくちゃと思った時。辛いことがあった時。強い不安や恐れがあった時。怒りを我慢しようとした時。このような状態が続いた時、それを抑えようとする感情が高まるとともに、イライラが募り、ますます自分の感情を隠そうとする心理が働く。その要因は必ずしも一つではない。さまざまな要因が複雑に絡みあうことが多い。

そして、この感情を抑え込もうとする心理が、心に閉じこもろうとする第一歩。

なにかを自分の心（感情）の裡に隠そうとする時に、引きこもりがはじまるのである。

したがって、引きこもっている人の心を開くということは、根気よく相手とコミュニケーションをとることからはじまる。だれかに、伝えたい気持ち、分かって欲しい気持ちになってくれるような場を築くことに。辛抱強くその人の気持ちに耳を傾け、気持ちを開くのをじっと待つことに。

おそらく、職人の世界にこのような状況はほとんどない。

修業の初歩から言葉はない。

五感を通して周りの空気を覚えることから始まり、師匠や兄弟子の技を見ること、芸を眼で見ることに明け暮れる。自分の心を開くとは、自らは無心になること。自分を無にして、相手の心を盗み見ることにある。周りの動きに耳を傾けるには、自分の心を開くことしかない。

しかし、自分の心にこだわる気持ち、相手とのコミュニケーションをとるに際しての葛藤は、職人の世界でも生じているであろう。ただ、職人の仕事にあっては、ものを作ることが第一である。人とのコミュニケーションをとる時に、もの（製品や芸）という媒体が介在することの意味は大きい。師匠や兄弟子との接触も、ものを通じてとなる。先の、「なにかむしゃくしゃする状態にあった時。なにかを隠したいと思った時。……。怒りを我慢しようとした時」などという状況にあっても、ものを作る仕事に集中することができる。怒りや恐れを仕事で紛らわせることができる。集中しようと努力することで、いまの自分の心の裡に隠しておきたい思い（気持ち）をぶつけることができる。表現することができる。譬え、「こんなものは使いものにならん」と、師匠や兄弟子に言われたにせよ、少なくとももの作りに向かっている時だけは、怒りや恐れを忘れることはできる。

周りの声や雰囲気に惑わされることなく、それらを雑音と感じるようにしながら、自分のもの作りに専心できるのが職人という仕事の利点でもある。良くも悪くも、職人は製品を介して自己を表現できるのである。ものを通して表現せざるを得ないのである。

この自分を表現できるものがあるということの意味は大きい。

怒りや恐れのなかにあっても、「ものを作る」ということからは逃げられない。立ち向かうしかない状況におかれているからである。引きこもることが許されないからである。

だから、職人の世界には、引きこもりはない。

また、「こんなものは使いものにならん」「そんな芸では人前では見せられん」と言われたにせよ、周りにはそう言ってくれる師匠や兄弟子は存在している。自分を見てくれている人がいる。一人ぼっちではないのである。

それでも、「だれも自分の気持ちなど分かってくれない」などと言うのは、単なる甘えである。

知識は自分で学びとるもの

現代は、特別な事情がある人を除いては小中学校の義務教育を受けられる時代である。そして、そのほとんどが高校に進学する。さらに多くの人が、大学まで行って学ぶ。この状況が、ごく当たり前のこととして受け入れられている。これが、いまの日本の社会である。

また、学校で教わることとは別に、テレビやラジオ、インターネットなどが普及し、世の中にはさまざまな情報が溢れている。その量たるや、江戸・明治時代の比べものにならない。小中学生であっても、自分の興味に応じて容易に知識を獲得できる。知識の量だけから言えば、かつての比ではない。ただし、問題は、もっと深刻になっているのかもしれないが……。

まして、コンピュータゲームなどの世界では、小中学生のほうが大人より数倍も早くクリアできるような状況である。ある分野では、大人以上の能力を発揮できるのである。

しかし、ここで改めて考えてみよう。このゲームをする子どもたちは、その知識（技術）をどこで学んだのであろうか。だれかに教わったのであろうか。学校で教えてくれるわけでは決してない。むしろ、学校では、ゲームに夢中になっている子どもに対してはマイナスの評価しか与えないであろう。

一般に、学校教育においては、中学から高校に進学する者に対しては学力評価を気にするが、中学卒業後、就職する者に対しては評価というものがないに等しい。中卒後の就職に学力は必要ないと考えられているからであろうか。しかし、知識や情報に溢れている現代社会の状況を考えるならば、一般的な仕事をしていく上で必要となる知識は、義務教育の中学までで学んだ学力で十分なのではなかろうか。それ以上の知識は、普通に生活していく分には必要ない。ただ、例えば、医者や弁護士になりたいというのであれば、更なる専門的な知識が求められ、さらに国家試験に受かる必要がある。複雑な知識を獲得するために大学、さらには大学院まで行くことも必要となろう。しかし、中学を卒業した知識があれば、企業に就職して事務や営業の仕事をするに際して困ることはないはず。もちろん、企業側が中卒者を受け入れてくれる体制にあるのならば、という条件はつく。ただし、これはあくまでも知識に限ってのことであって、人間としての行動のあり方としては未熟な点があるかもしれない。例えば、相手に対する非礼のない応対、事に対して臨機応変に対応するだけの能力が備わっていないという危惧など、と。しかし、この点に関しては、いまや、大学を卒業した人にも危惧されること。人としての問題である。

したがって、ほとんどの人は、読み書きができ、人の言うことをきちんと理解できる能力があればなんの問題もなく仕事ができるはず。中学を卒業するだけの学力があれば十分。自分のやりたいことが見つかったのであれば、中学卒業と同時に仕事に就き、仕事を覚えていくことに問題はないのである。おそらく専門学校に行く必要もないはずである。

高校で学ぶ知識や技術はあくまでも一般的なもの。ある一定の専門的な基礎力を身につけさせるものではない。実際に仕事に就いたときに、これらの知識や技術が直接的に役に立つことはほとんどない。否、役に立っているが、役に立っているとの自覚がないだけなのかもしれない。高校教育で身につけることは、ものごとを考える上での基礎能力を養っているのだから。だから役に立っていることを、自覚しづらい。しかも、実際の仕事では、個々の具体的な知識が求められているのが現実である。大学での教育、然りである。

だから、自分のやりたい仕事が見つかったのであれば、中卒で仕事に就けばよい。中学程度の知識・学力があれば十分である。すべての人間が、高校、大学にまで進学を志す、という過程を踏む必要はない。自分のやりたい仕事を見つけた者は、早くにその道に入ったほうが好い時代になっている。自分の一生の仕事をどこで見極めるか、の問題である。特に、職人の場合には。

高校や大学で学ぶ知識が仕事上で必要になることもあろう。しかし、多くの場合は、無駄な時間を送ることになってしまい兼ねない。無駄に過ごす時間があるのなら、その分自分の好きな仕事を始めたほうがいい。そして仮に、仕事（修業）を通してもっと勉強したいと思ったり、勉強不足を感じたり、分からないことが出てくれば、仕事をしながら学べばいい。あるいは、一時、仕事を中断して学校に行って学べばいい。そのときには、なにを学びたいのか、どんな知識が必要なのかがはっきりしている。そうして身につけた知識は仕事に直結している。おそらく、仕事を通して知り得た知識こそが、本当に自分の役に立つ知識である。

先に述べたことの繰り返しになるが、職人世界における人（弟子）の育て方は、決して効率的ではない。マニュアル通りには育てられない。その人の個性に合わせての育て方になる。高学歴で入ってくる者が増え、以前に比べて言葉で教えることが多くなったとは言え、やはり大切なことは言葉では教えられない。言葉ではなく、自分の身体で覚えていくしかないことが多い。分からないことは先輩の仕事を見ながら、自分で工夫しながら獲得していくしかない。いわゆる、「盗み取る」しかないのである。あくまでも、基本は自分で学ぶこと。時間をかけて自分で学びとらないことには、学んだことが自分の身につかない。さらに、自分の身についた知識や技術でなければ、その後の仕事に役立たないのである。

これは、なにも仕事に限ったことではない。

蓄積されていく知識

身体で覚えたことは忘れないが、頭で覚えたことはすぐ忘れてしまう、という言葉をよく聞く。それは、仕事を身につけるに際して、身体で覚えた仕事は忘れないと同時に、仕事を通して一度獲得した知識は、終生役に立つということに通じる。知識は古くならないのである。

社会の変化とともに、情報量は飛躍的に増え、仕事のやり方も変化してきた。とくに、コンピュータの出現によって、知識の獲得方法や仕事の形態は大きく変わった。さまざまなコンピュータ機能を駆使しながら大量の情報量を使いこなすことが仕事にもなっている。ベンチャー企業として注目されているＩＴ（情報技術）産業の出現はその象徴であろう。これはまったく新しい事業の形態であり、頭の柔軟な若い世代が担っている業種でもある。というよりも、従来の仕事のやり方で育ってきた頭の硬くなった中高年齢世代が、新たなＩＴを駆使した仕事を始めるにはそもそも無理があろう。しかも、新しい技術は次から次へと出現し、その技術を獲得することから始めなければ仕事にならない。技術と仕事の追いかけっこのなかに置かれている状態である。それも、一か所での技術革新ではなく、さまざまなところで新しい技術や知識の導入が求められる。さらに、この世界では、ある種の新しい技術や知識のみが仕事に結びつくのであって、古くなった技術や知識は使いものにならない。まさに、錆びついた知識と化してしまう。

まさに、かつての消費の象徴であった家庭電化製品のように、いまの時代は技術や知識が使い捨てにされているのである。社会の最先端においては、古くなった製品同様、中高年齢層がもっている技術や知識ももはや使いものにならない状態。年寄りはつねに、あとからくる若者についていかざるを得ない社会になってきている。いわゆる、従来のような技術や知識の蓄積が必要とされない社会になりつつある。さらに、人間関係までもが目まぐるしく変わっていかざるを得ない。古くからの人づきあいが仕事に結びつくような時代ではなくなってもきている。まさにこの世界では、年功序列主義から能力主義への転換が進んでいると言えよう。

あくまでも最先端企業での、最先端部署でのことである。

かつては、技術を獲得し、知識を蓄積することが仕事をこなす最低限必要なことであり、仕事量を増やすことに結びついていた。その仕事を行なっていく過程で知り得た人間関係がさらなる仕事にも結びついていた。そして、一度獲得した技術や知識は生涯役に立つものとして、仕事に活かすことができたのである。したがって、仕事での経験の蓄積がその人の自信となり、後輩を指導するときの指針ともなっていた。歳を経た者のほうが、確かに仕事には精通していたのである。年功序列主義がもつ本来の意味である。

従来の仕事の形態にあっては、個人の履歴はその人の仕事ぶりを示すバロメーターであった。そして、多くの技術や知識を蓄えて、仕事上での業績のある人間は、後輩たちからの尊敬の対象となり、指導をすることもできたのに……。その仕事の形態が、一部のサラリーマン社会においては急激な変化を遂げつつある。例えば、自動車業界における電気自動車や水素自動車部門、携帯情報端末器業界、金融業界などはその顕著なもの。ここでは、製品のシステムそのものが全く新しくなりつつあり、従来の常識とされたものは通用しなくなっている。

しかし、職人、ないしは、ものづくりの世界では、昔ながらの考え方が踏襲され続けている。技術や知識がどのように変化しようが、それらはあくまでものを作るための道具でしかないからである。問題は、なにを道具として利用するかにあるのではなく、道具を使ってなにを作るかにあるからである。そこがブレていては良いものは作れなくなる。

現在の医者が、最先端機器を駆使してカテーテル手術を行なえるのも、最先端の精密機器を活用して患部を処理しようとする目的に変わりがないからである。そこでは、利用する技術は変化したものの、手術する目的までは変化していない。だから、新しい技術を獲得することで、利用する従来の知識を活かして手術に立ち向かうことを可能にしてきた。しかも、限られた目的のためのだけの技術であることも、技術の獲得を可能にしている要因であろう。ただし、その技術の習得にかなりの訓練が必要であることは言うまでもない、

また、陶芸家にしても、近年普及してきた電気窯を使うことで容易に焼きものができるようになってきている。それはガス釜、重油窯などでも同じであろう。「信楽焼きには穴窯がいい」「備前の土には登り窯でなければあの味は出ない」など、薪による焼成でなければ得られない味わいの素晴らしさが言われているが、電気窯の使い方を工夫することで穴窯や登り窯と同じような味わいを作り出している陶芸家もいる。やはり、問題は、道具ではない。自分のイメージしている焼きものをつくるにはどのような工夫が必要かを追究するかしないかにある。それは、陶土を焼く過程において、与えられた道具（この場合は窯）をどう使うことで、どんな味わいが出せるかを工夫するしかないということである。そのときには、従前の窯で培ってきた技術や知識は十分役に立つのである。むしろ技術や知識を熟知していなければ、電気窯を活用することができないのかもしれない。

このような世界にあっては、道具の変化、それに伴う技術の変化には適応できるのである。したがって、サラリーマン社会とは違い、過去に獲得してきた技術や知識は生涯の財産として活かすことができる。それは、歳を経ることはそれだけ経験を積んだことを意味し、自分の仕事に対する自信に結びつく。そして、その歳なりにさまざまな事態に対する応用力も身につけることになる。「無駄に歳は取っていない」のである。

年功序列の考えは、このような仕事のあり方が生み出したものであろう。

ただし、断っておくが、サラリーマン社会においては、技術や知識の蓄積が全く役に立っていないのではない。技術や知識が目まぐるしく変化し、新しいものに目を奪われ、古いものは忘れ去られ、役に立たなくなっていく技術や知識が多いと言っているのである。もちろん、長きにわたって活用できる技術や知識がほとんどである。

また、一人の体験が切り開く世界には、もう一つの利点がある。

ある人の体験が一人だけの体験に留まらないということである。

ある人が作り出した新しい製品は、その人固有の製品であることを超えて、広く多くの人が共有できる製品になる。製品を通して、一人の体験がその人だけの体験に留まらず、多くの人が共有できる経験となるのである。

これは、必ずしも職人に特有のことではない。多くの技術や知識も、一度世の中に発表されるとともに多くの人が共有できるものになる。ただし、その技術や知識を知ったからと言ってすぐに真似られるものでもない。やはり、それ相応の技術がなければ、自分の技術として製品化できるものではない。ある人の経験を共有するためには、共有する人にもそれなりの経験が必要なのである。

続けることで見えてくる世界

技術や知識は、知ったからといって、必ずしもすぐにできるものでも、すぐに役に立つものでも、すぐに上達するものではない。一つの技術を真に獲得するためには、繰り返し同じ動作を行なうことによって身につけるしかない。しかも、一応、形としてはできるようになったからといって、それが完成形ではない、とも。

現代人に欠けているものの一つに辛抱ができないということがある。また、他人より早くできることが、人を評価するための指標になっている。他人より早く覚えられる。他人より早く上手になれる。なにごとも「優れているから他人より早くできるのだ」という価値観で育てられ、自分自身もそう思ってきた。だから、他人よりちょっとでも劣ることがあると自信をなくしてしまう。そして、自分には向いていない仕事だと決めつけ、辞めることを考えるようになる。向いているか向いていないかは、そんな簡単に分かることではない。何年間か続けてみて初めて分かること。また、当初、嫌いだと思っていた仕事も、続けているうちに好きになっていくこともある。

また、なにごとも早ければいいというものではない。ゆっくり、時間をかけて覚えていったほうが好い側面もある。早く覚えてしまった人は、忘れるのも早いと言う。覚えたのは早かったが、覚えたことが一向に身についていないということも多い。その点、覚えの遅かった人のほうが、一度覚えてしまうと間違いなく仕事をするし、いつまでも覚えている、とも。

仕事を学ぶには、それなりの手順というものがあり、一朝一夕に身につくものではない。それなりの時間をかけて、一つひとつ身につけいくものである。頭で学んだだけでは事足りない。頭でだけでなく、身体で身につけていく。これが基本である。

では、職人のように時間をかけて修業することによって、どのような仕事の仕方を身につけることができるのか。

仕事を通して、なにを身につけることができるのか。

ある寿司職人の話。

寿司職人の一つの基本は、寿司をしっかりと握れること。言ってみれば、だれにでもできるごく簡単な動作。かと言って、同じ形の、同じ大きさのシャリ（酢飯）の握り方を教わったとしても、すぐに握れるようになるものではない。初めての人が握ると、表面から中まで、しっかり握り締めたものになってしまう。そんな寿司は美味しくない。まして、握り方の秘訣をそうそうすぐには教えてくれるものではない。だから、そのコツを学ぼうと、先輩の手を見、真似る。毎日、裏方として働いている時間を盗んで、訓練を重ねても、なかなかできるものではない。でも、一人前の職人になるためには、訓練を続けるしかない。何日、何月と日々訓練を続けてもできない。そして、やっと形としては同じようなものを握れるようになる。しかし、それだけでは、お客に出せる握り寿司ではない。例えば、口に入ったときに、握ってあったシャリがパラリとほぐれるようにならなくてはダメ。だから、シャリの周りは硬く握られていても、中はふんわり柔らかな状態であることが求められている。しかも、手数少なく握ることが大切。だから、握り続ける。続けていることによって、ある日突然、その握り方のコツがつかめる。そうして、一度思ったように握れるようになると、あとは不思議なほどになんの苦もなく握れるもの。

面白いもので、人の上達とは、徐々に上手になっていくものではない。いくらやってもできない日が続く。そこで腐って、辞めてしまったらそれで負け。できなくても、上達しなくても、続けるしかない。それが、ある時、突然できるようになる。なぜできたのか、おそらく本人には分からないだろう。もちろん、他人にも分からない。しかし、努力していると、できてしまうもの。努力なしにはできないもの。

ここまでくると、無意識のうちに同じような寿司が握れるようになっている。身体が覚えてしまった証拠である。ただし、多くの職人は、それだけで満足できるものではない。人によって違いはあるだろうが、ある種のこだわりが出てくる。板場に立って毎日握り続けていると、ちょっと握りの手順を変えたほうがよりしっくりとくるとか、お客に寿司を出すときには人差し指と薬指で挟むようにして出したほうが美しく見えるとか、更なる境地に入っている自分を知ることがある、と。これは、握り続けていることによって初めて見えてくる世界。何年握り続けていても、これで終わり、ということのない世界。だから、一見、単純な仕事に見えようが、奥が深くて面白い。

寿司職人にとって、修業が求められるのは握り方だけの話ではない。同じようなことは、魚の見方とか、包丁の捌き方とか、お客との接し方・話し方などにも及ぶ。

同じようなことは、大工職人からも聞いた。

例えば、鉋がけ。傍で見ている分には簡単にできそうに思うもの。そう、鉋を引くと簡単に薄皮状の木片が出てくるものと思ってしまう。うまく削れないのは刃が切れないからだ、などと決めつけたりもする。しかし、簡単そうに見えるものほど、実際にやってみると難しいもの。逆に言うと、いとも簡単に鉋がけをしているように見えることこそが、プロの仕事。一人前の仕事ぶりである。

そのプロの仕事をするためには、腕や腰、足の位置を決める姿勢、鉋の種類、鉋刃の出の調整、木に当てて引くときの力加減など、それら一つひとつに気の遠くなるような修業を積まなければならない。木の硬い柔らかいによっても異なるし、使う場所の違いによって鉋の種類も変える。それらを一通りこなすためだけでも何年もの修業を要する。

そして、一向に上達している形跡が見えてこないのも、修業の辛いところ。あるところまでは徐々に上達していくのが見えるが、ある段階からは上達がピタッと止まってしまう。そんなときにこそ、道具のせいにしたり、木のせいにしたり、仕事そのもののせいにしたりする。時には、注文主のせいにしたりも。でも、仕事は続けるしかない。重い気持ちを引きずりながら仕事を続ける。そんなある時、ふと気がついてみると、なんの苦も無く鉋がけしている自分を知る。壁はある瞬間に、突然に壊れるもの。一つの技を習得した瞬間である。その後は、どんな木でも、どんな箇所でも、なんの苦もなく仕事を進めることができるもの。気分爽快に仕事ができる、不思議な瞬間である。

そして、そのときには仕事の奥義を悟ったような気持ちにさえなるが、それは間違い。その段階ではまだ、仕事に縛られているから。さらに仕事を続けているうちに、譬え鉋がけとはいえ、木の気持ちが分かってくるもの。この部分は力を抜いて鉋をかけてね、この部分には節があるからちょっとだけ力の配分に気をつけてね、などと木のほうから語りかけてくれるような気にもなる。これはちょっと大げさかな、と言いつつも。

とにかく、作業を続けること（＝修業）によってしか新しい技を習得できない。一つの技を習得すべく、はっきりとした目標をもって、日々の修業を続ける。続けることによって新たな技が習得できる。そして、一度習得してしまうと、いままでの苦労が嘘のように簡単にできるようになる。新しい境地に入って瞬間である。これは、スポーツ選手などもよく口にする言葉。毎日、練習を続けているうちに、あるとき突然、いままでできなかったことができるようになる。開眼は、努力の結果として、決して徐々にではなく、突然にやってくる、と。

体験に基づいてこそ創造性は生まれる

多くの職人は、そのように時間をかけて一つひとつの技を習得していくうちに、さらなる段階に入り込んでいくことになる。

日々の仕事を続けていると、やがて作っている製品にその人ならではの個性が生まれてくる、それは一見には、他人のものと同じように見えても、明らかに違うもの。その人ならではの表現であり、創造性である。また、この個性を表現できるから、ものを作ることが楽しくなる。もの作りの醍醐味でもある。

このもの作りの醍醐味を知るためには、一つの技を習得するために切り捨ててきた、多くの失敗や試行錯誤の活用が重要になる。ある技を得るためには役に立たなかった試みが、新たなもの作り（＝

製品）に活かすことが重要な要因となるからである。失敗や試行錯誤から学ぶことが多いというのは、それらは身をもって体験してきたことだから。先に切り捨ててきた失敗や試行錯誤も、ある技の取得には不必要であったが、それらは活きた体験として身体のどこかに残っており、新しい製品の創造には役に立つ。あるときの残骸が、そのまま捨てられたままではなく、新しい命をもって甦るところに体験することの貴重さがある。一つの目的に向かって突き進んでいるときには不必要だった無駄な試みが、決して死物化していないことが体験の強みである。活きた体験の正直なところである。それが、体験というものの厚みである。

と言うのも、一つの技を習得するためには、修業の段階で無駄なことを削ぎ落して、目的に一直線で向かうことが求められる。紆余曲折はするものの、そんな体験はその段階では必要とはされない。時間の無駄でさえある。しかし、新たな製品を創り出すということは、未来にあるイメージと過去の体験を活かしながら、イメージを絡ませ膨らませながら思案するもの。したがって、体験が多いほど複雑にものごとを考えることができ、深い洞察の許、自分の技を活かしながら製品作りに励むことができる。身体が知っているイメージだから嘘がない。使い勝手がよく、使っていてしっくりくる。

だから、確かな実感が伴っている。

ここが頭で考え、理屈で生まれてくる創造性とは違うところ。

理屈を並べて築き上げた製品には実感が伴わないため、手にしっくりと来ず、使い勝手が悪かったり、利用幅が狭かったりすることがままある。これは、制作する人の能力の問題というより、体験不足によるところが大きい。体験の少ない人のイメージには実感が乏しいから、どうしてもものの捉え方が平面的になり、立体的に考えることができない。感覚的に理解できるという部分が少なくなり、製品を身近なものとして捉えられないことが多い。どうしても嘘っぽさがつきまとうのである。

また、時に独創的過ぎてとてもついていけないという製品もある。それは、それほどの修業を経ることなく、独自の世界に走る人の製品に多い。イメージだけが先行して実力がついていかない製品、技術のなさを棚に上げて自己を主張しようとする製品などによく見受けられる。技術をしっかりと身につけることなく、初めから芸術家を気取る人の製品（＝作品）に多く見受けられる。いわゆる、芸術作品なのだから、使えるか使えないかなどはどうでもいい、飾り物としてそこにあるだけで十分と考える人の作品である。

だから、作品に甘えがある。

だから、深みがなく嘘っぽい作品に仕上がってしまっている。

だから、すぐに飽きてしまう。

そう。プロフェッショナルでないのである。

職人の修業法はスポーツや医者の世界でも生きている

社会全体の趨勢が、他人との人間関係を希薄なものとし、マニュアル化の進んだ社会にあって、個々の人間の特性に応じた体力を身につけるべく黙々と訓練を行なっている人びともいる。いわゆる、プロフェッショナルの世界である。

その一つが、自分の身体を鍛えることによって、競技に参加し、結果が問われるスポーツの分野で活躍する人びとである。

まず、一流選手としてスポーツの世界で活躍するために必要なのは、そのスポーツに見合った肉体を作ることにある。そして、その肉体は、長い年月をかけて鍛え上げていくしかない。しかも、練習を怠ることによって、その肉体はすぐに衰えてしまう。ここにスポーツ選手の肉体づくりの厳しさがある。したがって、選手として活躍している間は、一年中、練習漬けの日々であることが強いられる。しかも、毎日が同じ練習の繰り返しである。繰り返しの練習を行なうことで、無駄な動きや筋肉を取り除き、自分の競技に見合った身体、自分の追い求める体力、を作る。無意識のうちに行動できる、競技において理想とするフォーム（身体）を作るために練習に励む。そのためには、ただがむしゃらに体力だけを作ればいいのではない。時に他人のフォームを真似したり、先人の著書を読んだり、必要な知識を得るために頭脳も働かせる。

身体を作るための食事の管理にも工夫を凝らす。無駄な肉をつけないように食事制限をしながら、しかし、強靭な身体を作るための食事を摂る。そして、ランニング、ストレッチなどの基礎訓練にはじまり、競技の特性に見合った練習を飽くことなく続ける。一つの理想的なイメージを心に焼きつけ、反復練習をすることによって、その通りの動きが意識していなくてもできるようにフォームを固めるのである。

例えば、野球選手がバッターの素振りを何百回、何千回と繰り返すのは、そのフォームを固めるためである。投手が投げるさまざまな球種に対応できるように、練習を繰り返す。また、投手も同じように、投球を繰り返すことによって、フォームを固めていく。しかも、その理想と思われるイメージは固定したものではなく、さらなる改善を加えようと努力するため、これで完成ということはない。現時点での欠点が見つかったら、それを修正するために新たなフォーム作りに挑む。そして、練習は繰り返される。

サッカー、陸上競技、水泳、ゴルフ、テニスなどのスポーツ選手も、反復練習を繰り返すことによって、自分にとっての最善と思われるフォームを身につけるために日々身体を鍛えている。現在は、科学的に検証したデータに基づきながら練習をするため、トレーニングコーチ（トレーナー）の存在も大きい。足の動き、腕の振りなどの細かいところまで、選手とコーチの二人三脚で入念にチェックしながら、無駄なく、しかも的確に動ける肉体を作るべく鍛え続けている。

さらに、訓練は、グランドや練習場以外の場でも行なわれている。理想の姿を思い描きながらする、イメージトレーニングは常に行なわれている。また、イメージトレーニングに加えて、メンタル面の強化も重視されている。それは、単に身体を鍛えているだけでなく、心のあり様を鍛えることも必要だからである。大きな大会などに際して、「上がってしまう」という精神的な高揚感を抑えるためにも、身体とともに心（精神）を平常に保つことが求められるからである。本番に際して平常心を保つためには、まず一つひとつの動作に集中して身体を動かせることが前提となる。さらに、無意識のうちにも実力を発揮できる、迷いのない心（精神状態）を備えることが求められる。その結果が、自分の力量に自信をもって臨むことを可能にし、慢心になることを避けることに繋がるのである。そして、その場に臨んで気負うことなく心身を動かせることが、好結果を生む可能性を高めることになるのである。

このように、一流選手を育てるための練習は、職人が行なう修業同様、同じ動きを反復することによって無意識（無心）のうちに同じ行動ができるような身体づくりが基本にある。

各地にあるクラブチームでの活躍を望む小中学生が、優れた指導者の許で、基本動作の反復からその場の状況に応じた変則的な瞬間動作に至るまでを、日々繰り返し練習するのも、無意識のうちに行動ができるようになるための訓練である。しかも、「鉄は熱いうちに打て」である。伸び盛りの小中学生のころに正しい基本動作を身につけておくことは、その後の成長に大きく影響するだけでなく、自信をもって行動できる人間を育てることにも関係している。幼いころからその場にいることによって、空気感として運動になじみ、無意識のうちにも行動できる素地を身につけているのである。

しかし、小中学生の場合はまだ身体ができ上がっていない。成長過程にある。そのため、無理な運動を強いることで怪我をさせてはならない。肘や腰など、身体そのものを壊しては元も子もない。まさに、身体の成長に応じた練習が求められるところである。この点でも、職人の修業に相通じるものがある。

また、意外な分野でこのような訓練を繰り返している職業がある。医者である。とくに、手術を担当する外科医の場合には、さまざまな想定の許、あらゆる状況に対応できるようなイメージトレーニング（シュミレーション）を重要視しているところに特徴がある。手術を行なう外科医は、長時間の手術に耐える体力を作るとともに、手術の前に、考え得るあらゆる事態を想定し、その工程をイメージしながら、仮想手術を繰り返す。指先や身体の動きに細心の注意を払いながら行なう手術の流れをしっかり頭に入れた上で手術に立ち向かうためである。このイメージトレーニングを正しく行なえることが、本手術のときに焦ることなく、冷静沈着に手術を進めていくための基本だという。このイメージトレーニングができているからこそ、不慮の事態に遭遇しても慌てることなく対処もできる。さまざまな工程を想定しているから、そこから派生してくる不慮の事態への対応も可能になるのである。また、同じ手術を何十回、何百回、何千回と繰り返すことによって、技量が上がるということも共通していよう。

医者のトレーニングはイメージトレーニングだけではない。実際の身体を鍛えるトレーニングにも励む。これは、長時間にわたる手術に耐えるに必要な身体を作るためである。とくに、長時間立っているための足腰はもちろん、手、殊に指を鍛えることは手術を的確に、逡巡に行なう上では重要だと言う。

この繰り返し作業こそが、プロとしての仕事に共通している練習法であり、メンタルの維持法であり、修業のあり方である。

もはや、職人の修業法は、職人という枠に留まらず、さまざまな分野に活用され、実質的に効力を発揮していると言えよう。

みんながみんな、大学まで行く時代ではない

職人の数こそ減ってきたとはいうものの、職人が培ってきた修業のあり方は現前として現代社会に生きている。否、分野によってはますますその需要が増している。

今や、職人以外の世界で、かつて職人が技を身につけてきたように、身体に覚え込ませるような方法（修業法）で技術を獲得する職業（プロ集団）が多くなっているからである。例えば、大リーグで活躍を続けてきたイチローに代表されるように、スポーツの世界ではとくに注目されている練習方法（修業法）である。そして、このようなプロの存在が注目され、その仕事ぶりが話題にもなってきている。人びとは、無意識のうちに行動できるような技術を身につけて、ふだんの仕事をすることの重要さに改めて気づき始めているのではなかろうか。

そして、学力至上主義のあり方に疑問を抱き始めている人も増えてきている。

収入の多寡が人間の価値を決めるものではない、と考える人が増えていることも確かだ。「一度きりの人生だもの、もっと自分の好きなように生きようよ」という人も増えてきた。自分独自の生き方を求めて仕事に就く人が増えてきた。

人はもっと自由に職業に就き、さまざまな生き方があってもいい、ということに気づき始めている。ある特定の技術をもっていることの強みに改めて気づき始めている。会社人になっての安定した生活だけが全てではない。手に職をつけて自分の思ったような生活を送ることに意義を見出している。譬え修業の期間は辛くても、それを乗り超えれば自分の好きに生きていける世界が広がっている、という価値観である。

それは同時に、「いい学校を出て、一流企業に就職することで幸福な人生が送れる」という単一的な価値観がすでに崩れていることを意味していよう。いわゆる「サラリーマン」「公務員」として職を得ることが最善だという時代はもう終わっているのである。

もっと自分の働く場を幅広く考えるべき時代にわれわれはすでに置かれていることに気づくべきである。

もちろん、いい高校に入り、いい大学に行き、一流企業のサラリーマンや公務員になって、立身出世を望むという人はいまもなお多い。そして、それを否定する必要もない。まさに、生き方は人それぞれに自由に選べばいいのだから。まして、サラリーマンや公務員のなり手がいなくなっては却って困る。社会になくてはならない存在なのだから。しかし、もはや「末は博士か大臣か」という生き方に魅力がなくなってしまったとは言えよう。

立身出世に魅力がなくなったとはいえ、「なにをしたらよいのかがわからない」「どういう仕事が自分に合った仕事なのか分からない」などという人が多いのは事実である。というよりも、大人になっていく過程で、長期にわたって判断や決断を停止しているというのが実態ではなかろうか。だから、まだ働きたくない、まだ親の脛を齧っていたい、まだ遊んでいたい、と社会に出ることをためらい、高校、大学へと進むのであろう。いわゆる、モラトリアム（猶予期間）をできるだけ伸ばそうとするのである。あるいは、人間関係が希薄になっているため、組織に属することに躊躇し、社会に飛び込むことに臆病になっているのかもしれない。

ひょっとすると、そのように生きてきた人にとっては、いつまで経っても自分に合った仕事などないのかもしれない。たまに、「これは自分にとっての天職です」などと言っている人もいるが、それは稀有なこと。多くの人は、たまたま出合った仕事に就き、仕事をしているにすぎないというのが正直なところであろう。

「大学を出たものの職はなし」という状態で、たまたま就職できた会社に行っているというのが現実であろう。しかも、せっかく就職できたのに、ちょっと気に入らないことがあると、すぐに辞めてしまうという風潮である。そして、非正規社員、フリーターと称する人が増えている。別にフリーターという仕事のあり方が悪いわけではない。自分の好きなときに仕事に就き、嫌になったらほかの仕事を探す。そして、再び、三度と臨時雇いとして仕事をする。組織に所属していない分、それほど人間関係を気にしないで仕事をすることはできる。しかし、身分的保証のない状態で仕事を続けることは、精神的にかなり厳しいはずである。

さらに、非正規社員やフリーターの場合には、自分の経歴を実績として他人（就職活動時の会社も）に認めてもらうことが難しい。現在の日本社会では、いろいろな仕事に従事してさまざまな経験を重ねても、それがキャリアにはならない。そして、ほとんどの場合、ある仕事を辞めて別の仕事に就いたときには、また一から始めることになる。いわゆる、実力主義、能力主義の社会には至っていないのである。

まして、フリーターの場合には、ある任された仕事を完了しても、ものごとを成し遂げたという満足感を得ることもほとんどない。それは、責任ある仕事を任されないということもあろうが、フリーターが従事できる仕事の部署は、ほとんどだれが行なってもできるような仕事ばかりだからでもあろう。要は、その仕事はだれがやっても同じような結果しか出ないものなのである。手に職は必要ないのである。だからこそ、企業も臨時の人にその仕事を任せるのである。人件費が安く上がるし、福利厚生の必要もないし、人員過剰になればすぐに首を切れるから、である。

ただし、仕事に対してなんの責任もなく、勤務時間に任された仕事を行なっていれさえすれば、一定の賃金はもらえる。だから、嫌になったら辞めればいいし、フリーターは気楽でいい、という人であれば問題はない。それこそ、どう働くも自由だ。

しかし、多くの場合、そうではない。

人は、多かれ少なかれ満足感を得られる仕事、達成感を得られる仕事がしたいもの。

「いい学校を出て……」という価値観が薄れてきたのであれば、もっと積極的に仕事を求めることをすべきであろう。しかも、自分のやりたい仕事、好きな仕事を。

果たして、いまの時代に、みんながみんな高校、大学まで行く必要があるのだろうか。大学を出ても、多くの人は自分の求める仕事に就けないのである。あるいは、自分がどんな仕事に向いているのかさえ探せないでいるのである。そして、大学を出たものの、フリーターとして、離職者として、非正規社員として、職を転々としている者も多いのが現状である。

であるなら、もっと早くから自分のやりたい仕事を積極的に探すべきであろう。そして、手に職をつけるという発想を、もっと多くの人が考えるべきであろう。ものを作ることの楽しさに、もっと目を向けるべきなのである。

いわゆる、さまざまにある職人への道である。もちろん、それが職人の道である必要もないが、自分のやりたい仕事を自由に選択すべきである。

問題は、収入の多い少ないではなく、なにが自分の打込める仕事であるかを見出すことにあろう。

専門学校から職人への道を進む人もいるが、もっと積極的に、自分が探し求めた師匠のもとに直接弟子入りする道も開くべきである。そして、言葉では言い表せない仕事の奥義を師から盗み取りながら、仕事に励むべきなのである。修業を通して、師との密なるコミュニケーションを交わしながら、仕事を身につけていく道も模索すべきである。この場合のコミュニケーションとは、仕事を通してのことである。言葉数の多い少ないではない。師匠の技を通しての関係でもある。必ずしもみんなと同じ道を歩む必要はない、と早く見限るべきであろう。

もう、みんなが行くからといって、大学まで進む必要はない。いたずらに、学校での人間関係に悩む必要もない。

自分の道を見つけた者は、いち早く世に出て、自分の仕事、自分の世界を築いていくべきである。

自分の世界で人間関係を築いていくべきである。一つの仕事に専心できるということは、精神的にも楽である。

また、一度身体で覚えた仕事は忘れない。一生、身体の動く限りは仕事を続けていくことが可能なのである。高齢化社会にあって、老後の生活が取りざたされている時代にあって、定年とは関係なく、技術を請われて一生仕事を続けられるということは幸せなことである。力仕事はできなくなっても、後進の指導という立場で仕事に貢献することもできる。まして、自分の好きなことを続けられるのであれば、言うことはなかろう。

おそらく、高校、大学、大学院を出た人であっても、いったん仕事に就いたならば、職業人としての自分の仕事を身につけるためには繰り返しの作業が求められている。それは、職人が培ってきた修業のあり方に共通するものであり、日本人に特有の仕事を身につけるための方法である。否、洋の東西を問わず、仕事を身につけるためにはどこの人であろうと同じ努力（修業）をしている、と思う。

肝心なことは、職人であれ、サラリーマンであれ、公務員であれ、農漁業民であれ、どのような仕事に就くのであっても、簡単に身につく仕事はないということである。

ただ、どうせ働くのであれば、楽しく働ける場であるに越したことはない。そのためには、まず仕事を続けるしかない。そして、仕事を覚えることしかない。その結果として、自分に向いている仕事か、そうでないかが分かろうというもの。

「仕事が自分を好きになってくれる」という感覚

先の「釜定」の宮さんの一言がいつまでも心に残っている。

「六十歳になって初めて、自分の仕事が見えてきました。と同時に、この仕事をしてきたよかったなぁ、と思えるようになりました。本当の意味で、自分の仕事の面白さが分かるようになったのはその時だったのかも知れません」

この仕事は自分に向いていない、と思ったらすぐに会社を辞めてしまうのが一般的な時流にあって、この一言のもつ意味は大きい。

人は、じつに長い時間をかけて仕事を自分のものにしていくものだ、ということを語っているからである。今風に、大学を出てから仕事に就いたとして、自分の仕事が見えてくるまでに三十八年を要していることになる。そして、初めて「この仕事をしてきてよかったなぁ」と。おそらく、この間は無我夢中で仕事に専心してきたのであろう。そして今、やっと仕事の面白さが分かってきた、と言う。仕事の好き嫌い、合う合わないの判断は、一年や二年そこらでできるものではない。もっとじっくりつき合ってから判断するもの。慌てることはない。

今は昔のことになるが、かつては好き嫌いとは関係なく、親の仕事を継ぐのが普通だった。親や周りの勧めた相手と結婚するのが普通だった。その意味では自由のない状態に置かれていた。不自由を感じながらも、とにかく仕事に就くしかなかった。相手の人柄も分からないままに結婚相手を決めるしかなかった。不自由のなかに自由を見つける努力をするしかなかった。そのためには、自分の思いだけに囚われることなく、他人の要望に応えるべく仕事に励むしかない。そうこうしているうちに不自由がやがて普通のことに変わり、やがて自由に感ずるようになっていく。そして、自信をもって自分の仕事ができるようになり、自分の仕事の全体が見えるようになる。

仕事に自信がもてるようになるためには、他人が喜んでくれるということが大きな要因となる。他人の評価があってこそ、自分の仕事に意味を感ずることができるようになるからである。だから、人は自分を離れて、他人のために一所懸命になれるのである。

人は、この心境に達したときに初めて、自分の仕事を好きになれるのかもしれない。結婚生活においては、自分にとってなくてはならない相手になるのである。

「この仕事をしてきたよかったなぁ」との思いは、仕事の上で自分の思いを存分に発揮できるようになったときに得られる実感であろう。そして、この実感も、他人に喜んでもらえるような仕事を、一所懸命に仕事を続けてきたからこそ得られるものであろう。

その時が、宮さんにとっては六十歳だったというのである。

もちろん人によって、その心境に至る時期は異なろう。しかし、一朝一夕に至れる心境でないことは確かである。同じ製品作りを繰り返し、経験を積み重ねるという、長い修業を経たからこそ獲得できる心境である。

そこには、長年続けてきた仕事を好きになっている自分の姿がある。

そして、終にはこんな心境に至ると言う。

「ああ、やっと仕事が自分を好きになってくれた」と。

好きな仕事と出合えた幸せ。

これだけで十分であろうに、さらに、仕事のほうが自分を好きになってくれたと感じられる心境。

辛い思いをしながらも続けてきた仕事が、最後には仕事が自分を好きになってくれたと感じられるという言葉。

こんな心境に至れたら至福である。

これが究極の職人の姿であろう。

参考文献

イサベラ・バード『日本奥地紀行』（平凡社東洋文庫）
オールコック『大君の都』（岩波文庫）
アーネスト・サトウ『一外交官の見た明治維新』（岩波文庫）
福沢諭吉『学問のすゝめ』（岩波文庫）
福沢諭吉『文明論之概略』（岩波文庫）
農商務省『職工事情』
『世阿弥芸術論集』（「新潮社日本古典集成」新潮社）
西尾実『道元と世阿弥』（岩波書店、一九六五年）
香西精『世阿弥新考』（わんや書店、一九六二年）
『道元　上・下』（「日本思想大系」岩波書店）
『正法眼蔵　正法眼蔵随聞記』（「日本古典文学大系81」岩波書店）
道元『典座教訓　赴粥飯法』（講談社学術文庫）
大谷哲夫『道元「永平公録・上堂」選』（講談社学術文庫）
柳田聖山『禅と日本文化』（講談社学術文庫）
鏡島元隆『道元禅師語録』（講談社学術文庫）

鎌田茂雄『正法眼蔵随聞記講話』（講談社学術文庫）
宮本武蔵『五輪書』（岩波文庫）
新渡戸稲造『武士道』（岩波文庫）
宮崎奕保『若き仏たちへ』（ぱんたか、二〇〇五年）
『禅の風』（曹洞宗宗務庁、二〇〇六年二九号～二〇〇八年三十三号、殊に二九号「行　永平寺の禅」、三三号「歩み　宮崎奕保禅師」）
『禅の友』（曹洞宗宗務庁、二〇〇八年二月号～二〇一六年三月号）

おわりに

かつて曹洞宗の機関誌『禅の風』の編集に携わる機会を得たことから、永平寺第七十八世禅師宮崎奕保禅師のお話をうかがうことができた。そこで、思ってもいなかった一言を耳にすることになる。宮崎禅師の、「坐布に坐って行なうだけが坐禅ではない。朝起きて顔を洗うのも、食事をするのも、作務（仕事）をするのも、歩くのも、すべてが坐禅だ」との言葉である。

正直、そのとき、その言葉の意味が理解できなかった。ただ、何回かの取材を通じて、しだいに自分なりに理解できるようになった。勝手にそう思っているのかもしれないが、理解した限りにおいては、次のようなことである。

坐禅とは、坐して心を無にすること。一つのことに集中して熟慮することによってある思いに至ることが坐禅であるとする説もあるが、宮崎禅師（曹洞宗）はそう考えていない。なにも考えない時をもつことが大切。なぜ、なにも考えないのか。人はなにかを考えることによって欲が生じ、その欲につられて知らず知らずのうちに邪な心を身に染みこませてしまうもの。そんなか細い、心弱い存在であるが故に、常日頃から心を無にする時をもつことが必要である。その貴重な時間が、毎朝行なう坐禅。坐禅を行なうことによって心をリセットする。その清新な、まっさらな心持ちに立ち返って一日の生活をはじめることが基本である。

しかも、その清新な、なにごとにもとらわれない心で、ふだんの生活における動作を、ためらうことなく、ごく自然に行なうことが大切だと言う。それは、人の心に生じる迷いをできるだけ遠ざけ、無心のままに行動することを可能にする。すなわち、無心のままに顔を洗い、無心のままに食事をし、無心のままに作務をし、無心のままに歩くことができる。なにごとかに捉われた心で行動するのでは平常心が保てない。つねに平常心でいること、それが僧侶として心がけるべき基本であるというのであろう。よく口にされた譬えが、

「スリッパを履いての廊下の歩き方、畳の部屋に上るときのスリッパの脱ぎ方もきちんとできない者に、僧侶になる資格はない」という言葉である。宮崎禅師は、長い廊下の続く永平寺の寺内を、スリッパでパタパタと歩く姿をよしとはされなかった。スリッパを脱ぐときにも、入り口脇の壁に向かって、揃えて脱ぐ動作のスムーズさをよしとされた。

そして、それらの一連の動作は見ていてとても美しいものであった。

しかし、それら一連の動作は、形としての美しさを追究するためになされるのではなく、人の心のあり様がその人の動く姿を通して現れるものだとのことであった。何事にも心捉われることなく、自然体であることによって、心迷うことのない、スムーズな動作さが生まれるもの。無心にさまざまな動作ができることによって、ためらいのない動作が生まれる。つねに平常心でいられる。そうした心

を得ることによって、安らぎのある、不安のない生活が送れるのである。

そのためには、「朝、起きたらまず身を清め、お線香を一本、真っ直ぐに立てて手を合わせ、無心になって坐禅を行なうことが肝心だ」と宮崎禅師は力を込めて言う。それは、毎朝、坐禅をすることで心を無に立ち返らせ、身の周りをきれいに保ち、心安らかにする。一日に一度、無になり真っ直ぐな心になる。邪な心が入り込む気持ちを立ち直らせる。「一日の初めに、無心になって坐禅を行なうことの大切さはそこにこそある」と言うのであった。

そして、それは、僧侶としてだけでなく、一般の人にとっても心を安んじて日々の生活を送るための基本である、とも。

まさに、これは市井の人びとが生活のなかで心がけるべき事柄でもあった。そして、宮崎禅師への取材から、ふと思いついたことがある。

それは、〈この生き方というのは、職人のあり様にそっくりではないか〉と言うことである。

以前から時に応じて取材を続けていた、多くの職人が口にする彼らの生き方に結びついたのである。坐禅をするか否かは別にして、職人も、毎朝、仕事の前には仕事場を清掃して、道具の取り扱いに気を配り、制作作業に赴いたら心惑うことなく無心で仕事に励む。仕事を終えると道具の手入れと仕事場を清掃して仕事場を去る。また、職人が作り上げた作品は、作った職人の心のあり様が作品という形を通して現れ出てきたものである。人は、その作品を見てその職人の心映えを知る。いわゆる、職人の心を、その作品を通して見て取ることができると言うことである。

こんなことから、ますます職人の生き方というものに関心を抱くようになった。

それは、作品としての技巧、良し悪しを問うものではなく、職人の人としての生き方に対しての関心である。そして、しだいにその関心は、職人という職業の成り立ちにも広がっていった。

一方で、引き続きさまざまな業種の職人に取材を続けていくうちに、職人としての仕事のあり様、仕事の覚え方が、宮崎禅師言うところの僧としてあるべき姿に非常に近いものであることも改めて確認できた。いわゆる、職人の「修業」と僧侶の「修行」の共通性についてである。「修業」は、生業としての「業＝技」を身につけるために修めることであるのに対し、「修行」は、僧侶＝人としてあるべき「行ない」のすべてを身につけるために修めることである。そして、それらを身につけるためには、どのような心持ちでいることが求められているのかということが肝要であること、を。

また、これらのことは、職人だけでなく、多くのスポーツ選手が心がけていることであり、医者、とくに外科医が手術するときの心持ちにも大いに通じるものがある。その基本は、どんな難しい局面にあっても、平常心でその場（その事）に立ち向かえる心を培うこと。そのために続けている訓練（修業）であるということ。

かつて、確かな感触に裏づけられた「経験」の重要性を説いていた哲学者・森有正が、レコード『思索の源泉としての音楽』（発売＝日本フォノグラム、一九七七年）でこんなことを言っている。

〈どういう場合でも、経験を通して分かるということでなければ、分かるということにはなりません。そしてその場合に重要なことは、正しく導いてくれる人に指導してもらうということです。自分の好きなようにやればいいというのは大間違いで、好き勝手にやっていると、ある時間が経つと必ず限界を感じてしまう。つまり経験というのは、自分一人の経験ではあるけれど、ほかの人にも開かれていなくてはいけない。つまり、社会ということの根本的な意味はそこにある、と私は思いますね。経験というのは個人的なものであるのですが、同時に社会的なもの。ほかの優れた経験をもった人に導いてもらったり、光を当ててもらったりしなければどうしても本物にはならない。そのときには好き嫌いを言っていられない。まず、自分自身がそうなれるように努力する。そのためには、努力を続けながら待つことと忍耐が大事なのです。忍耐をすることで成長し、先に進んでいくことができるのです〉

〈生活を通して経験を積み重ねていく。経験そのものを豊かなものにしていかなければならない。そのためには、個人としての経験がほかの人の役に立つ。また、ほかの人の経験が自分の経験に役に立つ、というように開かれていることが大切です。そういうようにして複数の経験が積み重ねられてきたものが、文化とか文明というものの本当の意味じゃないかと思うのです。このようにして、ほかの人の経験を喜んだり、影響を受けるなどして確固たるものとして積み重ねていくことで、社会というものの基盤が作られていく。その意味で経験というものはあくまでも開かれたものでなくてはならない。その経験というものが、一国の枠を超えて世界に開かれたものでなければならない。だから、

一人ひとりの経験でありながら、全体の役に立つ経験とならなければならないのです〉

森有正は、日々、バッハのコラールを練習・演奏し続けた人である。その練習があって初めて作品が理解できるようになる。作品を理解するためには、毎日、練習を繰り返すことが重要であること、繰り返しの練習には忍耐が求められること、そして、自分の作品の理解の仕方、演奏法が正しいのか否かを優れた指導者に見てもらうことが必要であり、正しく導いてもらうことが不可欠である、と言う。練習を繰り返す持続と忍耐、そして、正しい指導者の存在が、個人としての経験を培っていくための基本だ、と言う。

また、繰り返し一つの曲の練習を続けているうちに、ある日突然、いままで気づかなかったあるパッセージを発見することがある。それを発見することでいままでとは異なった作品の世界観が見えるようになり、曲想そのものの変化を強いられることがある。その発見が新たな経験として蓄積されるのだ、と言う。

そして、この曲に対する発見は、個人がなすことであり、個人の経験である。このように、一人ひとりの経験は個人のものでしかない。しかし、その一個人が培ってきた経験も、その人が表現する曲想（作品、モノ）などという媒介を通じて、広く社会共有の経験とすることができる。これらの経験も、ある曲を理解するための、ある作品を表現するための、繰り返しの練習という持続と忍耐の結果として獲得できるものである。そうして身につけた経験の成果も、生きている人間の姿を通して、作り上げられたモノを通して現れてくるものだ、と言う。

森有正は、哲学者パスカルやデカルトの研究者として知られている。

縷々述べてしまったが、その森が語る経験することの意義は、まさに職人が技術を身につけるために、新しい作品を作るために日々行なっている修業と軌を一にしている。この森有正の説く経験論に照らしてみると、職人の修業のあり方は、日本という枠を超えて世界に共通する仕事の学び方の基本でもある。

職人の日々は、求められている仕事に専心し、わき目を振らずに身心を働かせること。多くに惑わされずに、一つひとつの動作を積み重ねていくこと。無心に事を進めること。だから、動作に迷いがない。しかし、当人は「一つのことに専心すればいいのだから、気楽だよ」、と言い放つ。

本書を執筆するに際し、こんな日々の積み重ねを通して培ってきた貴重な経験を披歴していただいた。その多くは、曹洞宗の機関紙『禅の風』や『禅の友』での取材を通してのものである。その人ならではの経験を踏まえた貴重なお話を伺い、さまざまな修業の形に学ぶことが多かった。本来ならばもっと多くの方々の仕事ぶりを紹介しながら執筆すべきであったが、限られた職人の言葉に集約させていただいた。紹介できなかった方々も含め、個人の語る経験談は深くて心に残る。ここに改めて感謝と敬意を表する。

コロナ禍の二〇二〇年の八月

〈著者紹介〉

阿部孝嗣　あべたかし

一九四八年北海道生まれ。著述・編集者。『荒畑寒村著作集』（全 10 巻、平凡社）を始めに、雑誌・著作の編集に携わる。2006 年より 2016 年まで、曹洞宗の機関誌『禅の風』や『禅の友』の連載で、各種職人やプロフェッショナルへの取材を続ける。この取材が本書の礎となる。現代語訳に、村岡嘉陵著『江戸近郊ウォーク』（小学館、1999 年。のちに、『江戸近郊道しるべ』と原題に改称して、講談社学術文庫に所収）、著書に『ゲーテ街道の旅』(双葉社、1999 年) など。

職人の日々は禅
道元の心を今に継いできたのは職人

二〇二〇年　十一月　九日　　第一刷発行

著者　阿部孝嗣
発行者　坪井公昭
発行所　開山堂出版
　東京都中野区中野
　四―十五―九―一〇〇八
電話　（〇三）三三八九―五四六九
振替　東京〇〇一六〇―二―七八四〇九
装丁者　西田久美
印刷　東港出版印刷株式会社

ISBN978-4-906331-57-4　C0015